왕관 속의 보석

British India

AD 1600 - 1905

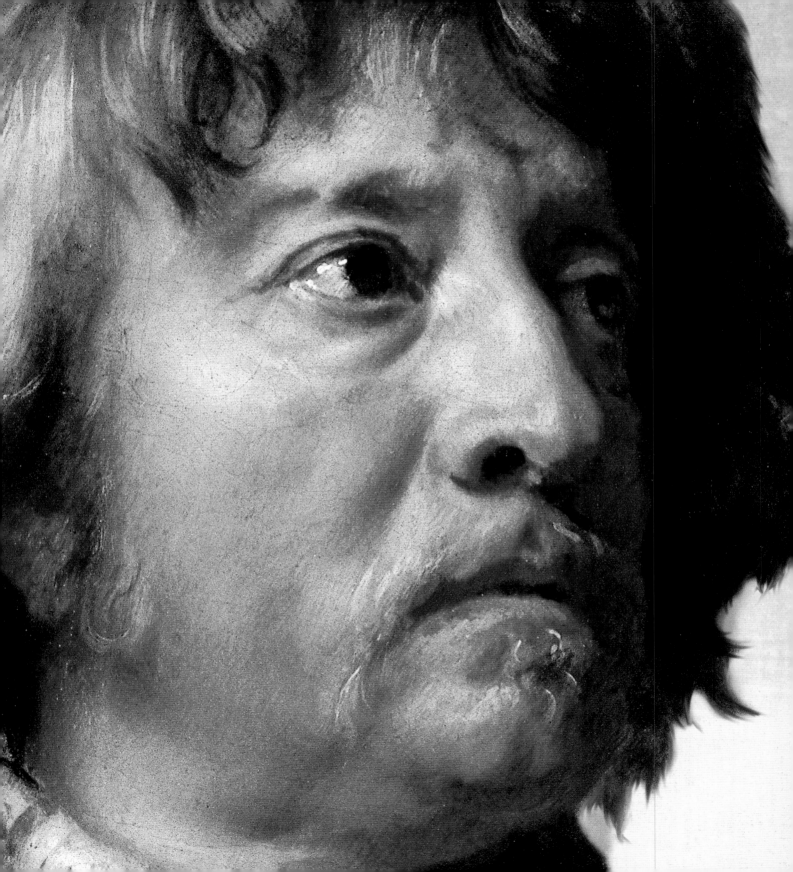

타임라이프 세계사 14 _ 영국령 인도

왕관 속의 보석

British India

AD 1600 - 1905

타임라이프 북스 지음 | 전일휘 옮김

:: 차례

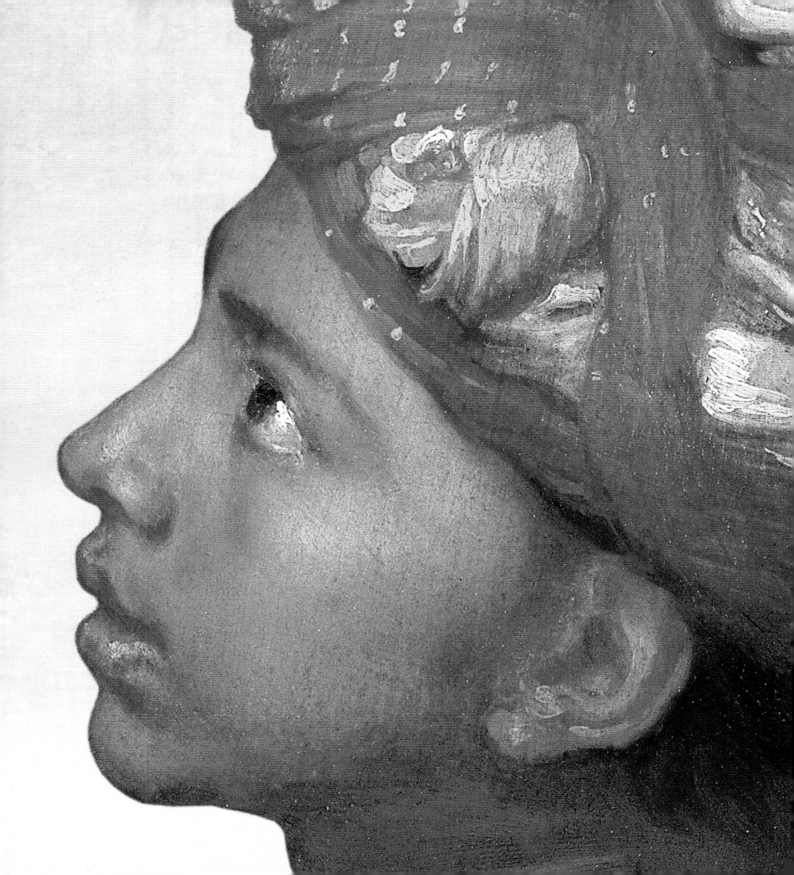

왕관 속의 보석

가장 아름다운
보석을 차지하다
－영국령 인도의 개관과 연표

17세기 초, 영국 동인도회사 상인들은 아시아 대륙에 도착하면서 아주 매혹적인 한 나라를 발견했다. 당시의 인도는 자극적인 향신료와 고급스러운 직물, 웅장한 예술과 건축, 그리고 인상적인 문학작품과 과학으로 대표되는 나라였다. 19세기에 이르러 이 머나먼 땅은 영국 국왕의 영토 중에서 가장 찬란한 보석으로 빛났다. 인도는 영국에게는 여전히 더할 나위 없이 소중한 땅으로 여겨져서, 1900년에는 인도총독 커즌 경이 "우리는 식민지 전부를 잃고도 살아남을 수 있을 것이나, 만약 인도를 잃는다면 영국은 더 이상 해가 지지 않는 나라가 아니다"라고 말할 정도였다.

1608년 최초의 영국 동인도회사 상선이 인도 연안으로 출항했을 당시 인도북부는 무굴 제국이 지배하고 있었으며, 남부는 독립적인 이슬람과 힌두 왕들이 통치하고 있었다. 이 통치자들의 승인을 얻어 영국 동인도회사 상인들은 연안을 따라 소규모의 독립적인 상관(商館)들을 설치했으며, 동방 교역로 확보를 둘러싸고 포르투갈 및 네덜란드와 치열한 경쟁을 벌였다.

영국과 인도와의 관계 역시 대립적인 경우가 종종 있었다. 무역 통제권의 강화를 추구했던 영국 동인도회사는 1686년에 무굴 제국의 아우랑제브 황제에게 선전포고를 했다. 하지만 이러한 대립은 영국으로서

1600
엘리자베스 여왕,
동인도회사 설립
특허장에 서명함.

1612
영국 선박들이 수라트 근해에서
포르투갈 함대를 무찌름.

1632
무굴 제국의
샤 자한 황제의 명으로
타지마할 공사를 시작함.

1661
봄베이의 포르투갈 인
정착촌이 영국의
수중으로 넘어감.

1608
인도를 방문한 최초의
동인도회사 상선이
수라트에 도착함.

1615
토머스 로 경, 무굴 제국 황실
주재 영국대사로 인도에 도착함.

1640
포트 세인트 조지
(마드라스) 축성.

1686 - 1690
영국 동인도회사,
무굴 제국의 아우랑제브
황제와 전쟁을 벌임.

는 무척 불리한 것이어서, 1690년에 영국은 결국 화평을 청하지 않을 수 없었다. 아울러 약탈거리가 넘쳐났던 인도 상선과 순례자들을 태운 배를 노리며 아라비아 해에서 그물을 치며 기다리고 있던 유럽 출신의 해적들 역시 영국과 무굴 제국과의 관계 악화의 원인이었다. 아우랑제브 황제는 그러한 모든 범죄에 대해 동인도회사에 책임을 물었으며, 그 결과 동인도회사 이사회는 키드 선장과 같은 해적들을 체포해 교수형에 처하기까지 했다.

17세기 말에 영국 동인도회사는 정부로부터 부여받은 동인도 무역에 대한 독점권을 잃었으며, 그와 때를 같이하여 동인도회사의 경쟁회사가 설립되었다. 그러나 그로부터 불과 10년 후, 이 두 회사는 합병되어 통합 동인도회사(the United East India Company)로 재출범했다. 서해안의 봄베이, 동남해안의 마드라스 및 동북지역의 갠지스 강 삼각주에 있는 캘커타 등과 같은 인도의 영국인 교역 및 거류의 중심지들이 확고히 자리잡기 시작한 것도 바로 이때부터이다.

무굴 제국은 1707년 아우랑제브 황제가 사망한 이후부터 쇠락의 길을 걷기 시작했다. 그와 동시에 지역 지도자들과 경쟁자들 간의 잇따른 충돌은 영국과 프랑스로 하여금 상업적 우위를 차지할 수 있는 기회를

1690
포트윌리엄(캘커타) 축성.

1698
동인도회사의 무역독점에 대한 반발로 경쟁사인 뉴 잉글리시 사(New English Company)가 설립됨.

1708
영국의 두 경쟁사가 합병되어 통합 동인도회사 (the United East India Company)가 탄생함.

1746
프랑스 군, 마드라스를 점령하고 카르나타카 나와브의 군대를 무찌름.

1756
벵골의 나와브 시라지 웃 다울라가 캘커타를 점령해 영국 포로들을 블랙홀에서 하룻밤 동안 억류함.

1757
로버트 클라이브, 캘커타 탈환 후 플라시에서 시라지 웃 다울라를 무찌름.

1764
동인도회사 군대가 북사르 전투에서 벵골과 오우드 나와브를 패배시킴.

제공했다. 프랑스는 1746년 동해안의 프랑스 세력 근거지였던 퐁디셰리의 지사가 마드라스를 점령하여 그곳의 나와브(무굴 제국의 토후)를 프랑스가 지지하는 자로 바꾸어버렸다. 그러나 영국군의 영웅 로버트 클라이브의 활약으로, 1752년에 영국군은 결국 마드라스를 되찾아 영국이 지지하는 나와브를 옹립하는 데 성공했다.

인도 동북부 벵골 지역의 나와브였던 시라지 웃 다울라는 영국과 프랑스의 야심을 우려했다. 그는 1756년에 캘커타의 요새 포트윌리엄을 점령함으로써 영국과 프랑스의 세력에 저항했다. 그러나 영국의 용감한

클라이브의 군대는 플라시 전투에서 시라지 웃 다울라를 무찌르고 이 요새를 되찾았다. 그리고 7년 후, 영국군은 북사르 전투에서 또다시 인도군에 승리함으로써 벵골 지역에 대한 수조권을 획득했으며, 이로써 영국 동인도회사는 벵골 지역을 사실상 통치하기 시작했다.

클라이브가 치른 몇 차례의 전투로 말미암아 동인도회사는 무역회사에서 일약 지역의 권력기관으로 변모했다. 그들은 토지세를 징수하고, 법을 집행했으며, 점차 몸집이 커져가던 군대를 관리하기 시작했다. 그러나 벵골의 동인도회사 직원들 상당수는 통치

1765
무굴 제국의
샤 알람 2세,
벵골의 디완(세금 징수자)
으로서의 중요한
자신의 역할을
동인도회사에
넘겨줌으로써,
영국이 벵골 지역을
사실상 지배하게 됨.

1767-1769
마이소르의 이슬람 통치자
하이데르 알리와 영국군,
제1차 마이소르 전쟁을 벌임.

1773
인도 통치 규제법으로 말미암아
봄베이 및 마드라스의 책임자들이
벵골 지사(그 후에는 총독)의 지시를
받게 되었으며, 캘커타에
최고사법재판소가 설치됨.

1780-1784
하이데르 알리와
그의 아들이자 후계자인 티푸,
제2차 마이소르 전쟁에서
영국군에 맞섬.

1784
동인도회사의 인도 경영
및 영토 관리에 대한
정부의 감독권을 '인도법'
으로 규정함.
윌리엄 존스 경,
캘커타에 아시아학회를 설립함.

1790-1792
제3차 마이소르 전쟁.

보다는 벼락부자가 되는 것에 더욱 관심을 가졌다. 그들은 벵골의 나와브들로부터 정기적으로 돈을 갈취했으며, 동인도회사의 면세특권을 남용하여 벵골 지역의 혼란을 야기시켰다. 그후 바라던 대로 벼락부자가 되어 영국으로 돌아간 그들은 나바브로 불렸으며, 돈을 이용해 상류사회나 관계로 진출하려는 기회주의자들로 간주되었다.

18세기 후반에 이르러 영국정부는 동인도회사에 대한 통제권을 강화하기 시작했다. 예컨대 '1773년 인도통치 규제법'에 따라 영국령 인도 총독이 임명되었으며, '1784년 인도법'에 의해서는 영국정부에 통제

위원회가 설치되어 동인도회사의 활동을 감독했다. 아울러 이 법은 가장 강력한 용어로써 영국은 더 이상 인도통치를 확대하지 않을 것이라는 점을 명시하기도 했다.

그러나 이러한 반(反)팽창정책은 곧 폐기되었다. 1797년에 영국령 인도 총독으로 임명된 리처드 웰즐리는 전쟁, 합병 및 강제동맹이라는 수단을 총동원해 인도 대부분의 지역에서 영국의 패권을 확립했다. 그는 동인도회사를 인도 최고의 권력기관으로 변모시켰으며, 그에 따라 영국 동인도회사는 세계 최대 규모의 상비군 중 하나를 거느리게 되었다.

1799
티푸 술탄,
제4차 마이소르
전쟁에서 전사함.
윌리엄 케리,
세람푸르에서
침례교 전도를
시작함.

1800
리처드 웰즐리 총독,
포트윌리엄 대학 설립.

1803–1805
웰즐리 총독,
마라타 족과 전쟁을 벌임.

1806
벨로르의 세포이들 반란을
일으킴. 동인도회사, 영국에
동인도대학 개교.

1809
동인도회사,
영국에 군사학교를 설립함.

1813
동인도회사 특허법이
갱신되어 인도에서의
선교활동이 용인되고,
동인도회사의 인도 무역
독점권이 폐지됨.

변한 것은 그것만이 아니었다. 인도인들의 종교적 신념이나 관습에는 개입하지 않는다는 영국의 정책 역시 서구화 움직임으로 무력화되었다. 영국은 '1813년 동인도회사 특허법'을 앞세워 선교활동 금지조치를 해제했으며, 서구식 교육과 영어사용을 장려했고, 남편의 장례식에서 미망인을 산 채로 화장시키는 수티와 같은 종교의식들을 법으로 금지시켰다.

일련의 서구화 정책은 경제적 혼란기에 도입되었다. 1820년대에 이미 인도의 직물산업은 영국의 방직공장에서 들여온 수입품 때문에 황폐화되어 있었다. 기근, 가혹한 징세제도의 연장, 토지개혁 등이 불러

일으킨 일부 지주 및 농민들의 유민화 현상은 인도인들의 고통과 불만을 더욱 가중시켰다. 이러한 서구화 정책은 1848년부터 1856년까지 인도총독으로 재임한 댈후지 경의 강력한 통치기간 중에도 지속되었다. 댈후지 총독은 장차 인도 통합에 커다란 역할을 하게 될 철도와 전신을 도입했다. 인도인들이 이러한 새로운 기술들에 대해서 고맙게 생각했다고는 하나, 댈후지 총독이 시행한 다른 정책들은 인도인들과 영국인들 간에 이미 심화되고 있었던 긴장관계를 더욱 악화시켰다. 댈후지 총독은 상당수의 토후국들을 동인도회사령으로 합병시켰는데, 이들 토후국들 중에는 군주

1829
윌리엄 벤팅크 총독,
수티를 불법화함.

1839
캘커타에서 델리에 이르는
대간선도로 공사 착공.

1856
영국,
오우드 왕국을 합병함.

1858
인도통치법 제정으로
인도 통치권이 동인도회사에서
영국 국왕으로 이전됨.

1835
영어가 페르시아 어를
대신해 공용어로 채택됨.
영어교육 우선정책이 확립됨.

1853
인도 최초의 여객수송
철도가 개통됨.

1857 - 1858
인도인들의
항쟁이 발생함.

가 후계자 없이 사망했다는 이유로 합병된 경우도 있었다.

인도 고유의 신앙 및 관습에 대한 영국인의 무시와 더불어 점차 커져가던 불안은 마침내 1857년의 항쟁으로 폭발했다. 세포이(유럽 인들이 지휘한 인도 병사들)와 기득권을 빼앗긴 군주 및 기타 인도인들이 영국의 지배에 맞서 일으킨 이 항쟁으로 말미암아, 영국은 이듬해가 되어서야 가까스로 인도 전역에 대한 통제권을 되찾을 수 있었다. 그리고 항쟁의 결과, 인도에 대한 통제권은 영국 여왕이 행사하게 되었으며, 1877년에는 빅토리아 여왕이 인도의 여제(女帝)가 되었다.

그러나 인도가 영원히 영국의 지배하에 있지는 않을 것이라는 뚜렷한 징후들도 나타났다. 1885년에 힌두교도들은 인도국민회의를 창설해 인도인들에게도 영국인들과 동등한 권리를 부여해줄 것을 요구했다. 1905년에는 조지 커즌 경의 벵골 분할 결정에 항의하는 불매운동과 시위가 광범위하게 발생했다. 그로부터 3년 후에는 무슬림 연맹(the Muslim League)이 결성되어, 어느 회원이 선언했듯이 무슬림들의 목소리가 "멀리 바다 건너 영국에까지" 들리도록 했다. 그후 수십 년에 걸쳐 인도 독립 운동은 성장을 거듭해, 1947년에 마침내 인도는 오랜 영국의 지배로부터 독립했다.

1865
인도와 유럽 간의
전신이 개통됨.

1877
델리에서 거행된
두르바르(알현식)에서
빅토리아 여왕의 새 칭호가
인도 여제로 선포됨.

1869
수에즈 운하의 개통으로
인도 여행 시간이 단축됨.

1885
인도국민회의 창설됨.

1905
커즌 총독의
벵골 분할계획이
인도인들의
광범위한 불매운동과
시위를 불러일으킴.

1908
무슬림 연맹이 결성됨.

1947
인도가 인도와 파키스탄,
두 나라로 분할되면서
양국이 영국으로부터
독립함.

대서양

유럽

런던

파리

빈

마르세유 리보르노

리스본

콘스탄티노플

아시아

마데이라 섬

지중해

알레포

알렉산드리아

바스라

카이로 수에즈

페르시아 만

캘커타

수라트

봄베이

카보베르데

홍해

지다

모카

마드라스

아프리카

세인트헬레나 섬

마다가스카르

인도양

케이프타운

희망봉

영국에서 인도로의 여행은 길고, 지루하며, 때로는 위험했다. 수에즈 운하가 개통된 1869년 이전에는 대부분 배를 타고 아프리카의 희망봉을 돌아갔는데, 이 항해는 대략 6개월이 소요되었다. 배들은 마데이라나 세인트헬레나 같은 섬들에 정박해 식량과 식수를 공급받았다. 일부 여행자들은 육로를 걸어서, 빈을 거쳐 페르시아 만의 바스라에서 인도행 배에 올랐다. 또 일부는 스페인을 돌아 항해하거나 육로를 통해 이집트의 알렉산드리아로 가서 홍해로 향하기도 했다. 그들은 이집트에서 낙타로 사막을 횡단해 홍해의 수에즈 항에 도착한 후, 배를 이용·여행을 계속했다.

인도(오른쪽 지도)에 도착한 영국인들은, 북쪽으로는 히말라야 산맥에서 시작해 중북부의 평원지대를 거쳐 남부의 데칸 고원에 이르는, 380만 km²가 넘는 광활한 땅을 발견했다. 거대한 갠지스와 같은 강들이 인도대륙을 종횡으로 흘렀다. 수라트, 봄베이, 마드라스와 같은 영국의 교역 중심지들이 동서해안을 따라 번성했다. 아름다웠던 반면에 소란스럽기도 했던 캘커타는 식민세력의 중심지가 되었으며, 인도의 영국인들을 위한 교두보가 되기도 했다. 영국의 작가 루드야드 키플링은 이 캘커타를 일컬어 "다면적이고, 안개 자욱하며, 웅장한, 무시무시한 밤의 도시"라고 했다.

ESSAY _ 1 | 무굴 제국의 영광

영국이 인도를 지배하기 수세기 전, 중앙 아시아의 이슬람 군대가 카이바르 고개로 밀려들어 인도대륙의 북부 평원지대로 들이닥쳤다. 정복 왕 티무르의 군대가 그곳에 온 목적은 약탈이었다. 그러나 카불의 왕이자 칭기즈 칸의 후손이며 티무르의 증손자인 바부르가 이끄는 군대가 1526년에 그곳에 온 목적은 정착으로서, 그는 장차 남아시아를 지배하게 될 제국을 세웠다. 바부르는 인도 북부지역을 침략해 델리를 약탈하고, 아그라에 도읍을 세웠으며, 아그라는 그로부터 근 200년간 대 무굴 제국의 중심지 역할을 하게 된다.

바부르의 후계자들은 인도에 대한 지배권을 확장시켜 공고화했다. 바부르의 손자 악바르는 광활한

지역을 정복하고 영토를 다스릴 제도를 정비했으며, 징집, 치안유지 및 징세를 지역 통치자들에 의존했다. 악바르와 그의 아들 자한기르 및 그 뒤를 이은 황제들은 이슬람 왕족들을 중용했으나, 동시에 이전의 적이었던 힌두와 이슬람 교도들을 새로 뽑아 쓰기도 했다.

18세기 초의 무굴 왕조는 1억 명이 넘는 백성들을 다스렸으며, 무굴 제국은 그 군대의 용맹스러움은 말할 것도 없거니와, 건실한 경제 정책, 세련된 궁중의식과 예술 및 건축에 대한 공헌으로도 널리 알려졌다. 강력한 제국들의 경우가 대개 그렇듯이, 무굴 제국의 권위도 결국에는 사라져갔다. 그러나 무굴 제국은 18세기 중엽까지 그 영광을 구가했다.

악바르의 손자인
샤 자한 황제의
발코니 식 옥좌로서,
조각으로 장식되어 있다.

자한기르 황제가 그의 아들이자 미래의 황제인
샤 자한이 전투에서 승리하고 돌아오자
그를 반갑게 맞이하고 있다. 대신들이 금으로 만든
울타리 안에서 두르바르에 참석하고 있으며,
1635년에 이 장면을 그렸던 화공 발찬드(왼쪽 아래)를
비롯한 일부 신하들이 이를 지켜보고 있다.

샤 자한 황제가 1632년에 자신의 생일을 맞아
저울접시에 앉아서 몸무게를 재고 있다. 그는 자기
몸무게만큼의 금과 은을 가난한 자들에게 나누어주었다.

이 그림은 1590년경에 씌어진 〈악바르 연대기〉에 실린 것으로서, 조그만 숲 속 공터에서 말을 탄 악바르 황제가 어미 호랑이를 찌르고 있고, 다른 사람들은 새끼 호랑이들을 공격하고 있다. 사관들은 황제의 이 호랑이 사냥을 기록했는데, 어느 사관에 따르면, 자한기르 황제는 50세 때까지 86마리의 호랑이를 사냥해 잡았다고 한다.

18

사냥꾼과 전사

악바르 황제는 젊은 시절을 사냥과 전투기술 연마에 보냈으며, 나중에 그는 통치자로서 이러한 기술들을 적절히 활용했다. 그의 군사적 노련함은 제국확장에 보탬이 되었으며, 사냥기술의 용맹스러움은 영토장악 및 유지에 도움이 되었던 것이다. 악바르 황제의 사냥단은 대군으로 구성되었으며, 그러한 원정 사냥단은 군사작전을 수행하며 뛰어다녔다. 악바르 황제와 그의 군사들은 종종 코끼리, 호랑이 및 기타 사냥감들을 사냥하는 모습을 보여줌으로써 영토 내에서 반란을 억제하는 효과를 가져올 수 있었다.

통상적으로 사냥은 약 1주일간 지속되었으나, 악바르의 아들인 자한기르 황제는 석 달이 넘게 사냥을 한 적도 있었다. 이와는 달리 전쟁은 길고 참혹했으며, 심지어는 마무리 짓는 데 몇 년이 걸린 경우도 있었다. 악바르 황제는 직접 군대를 지휘했던 반면, 그보다 후대의 황제들은 왕자들에게 지휘권을 주어 군대를 내보내는 경우도 있었다. 이때 왕자들이 전장에서 얻은 경험은 훗날 유용하게 활용되기도 했다. 왜냐하면 이슬람의 관례에 따라 무굴 제국의 황제들은 후계자를 지정하지 않았는데, 이로 말미암아 왕자들끼리 간혹 전쟁을 벌이는 경우도 있었기 때문이다.

12궁도로 장식된 방패와 비수(칼날에는 검은 옻을, 손잡이에는 금을 새겨넣었다는 무굴 병사들이 지녔던 전통적인 무기들로서, 위의 것들은 장식용으로 만든 것이다.

반란을 일으킨 어느 무굴 제국의 관리를 따르는 병사들로부터 샤 자한 황제의 병사들이 대포공격을 받으며 다루르 성의 성벽을 기어오르고 있다. 인도 남부의 중심 고원인 데칸 고원에서 1631년 샤 자한 황제가 수행했던 전투장면을 그린 그림이다.

| 종교적 갈등

악바르가 황제에 등극하자 이슬람 율법이 무굴 제국을 지배했다. 무슬림이 아닌 사람들은 세금을 내야 했으며, 힌두 교 성지방문이나 축제를 위해 여행하는 순례자들도 일정액의 돈을 내야 했다. 대부분의 백성들이 비 무슬림인 무굴 제국을 통치하는 데는 유력한 힌두 귀족들의 지원을 필요로 했기 때문에, 이슬람 지도자들의 반대에도 불구하고 악바르 황제는 율법의 제약을 풀었으며, 힌두 교도들에게 불리했던 각종 세금들도 폐지했다.

그러나 후임 황제들은 악바르만큼 관대하지 않아 엄격한 이슬람 식 통치로 회귀했다. 자한기르의 아들인 샤 자한 황제는 힌두 교 사원의 보수 및 신축을 금지했고, 그 때까지 완공되지 않았던 사원들은 파괴했다. 그의 아들 아우랑제브는 자신의 맏형(그는 이슬람 교와 힌두 교를 융합시키고자 했다)을 처형하고 황제가 되었는데, 그는 이슬람 교도가 아니면 혼인하지 않았으며, 힌두 교도들에게 부과하는 세금도 부활시켰다. 궁정악사들과 화공들은 쫓겨났으며, 비 이슬람 의식과 축전은 금지되었다.

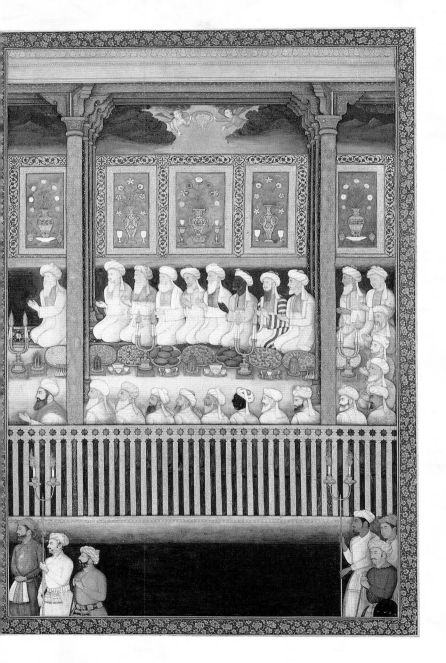

왼쪽의 그림은 1635년에 그려진 것으로서,
이 그림에서 샤 자한 황제는 촛불축전에서
이슬람 종교지도자들에게 경의를 표시하고 있다.
샤 자한 황제는 이슬람 율법으로의 회귀를 시작했으나,
힌두 악사들과 화공들을 계속 후원하기도 했다.

아우랑제브 황제가 1659년에 델리 성 내에 건립한
진주 모스크는 개인예배에 이용되었다. 검은 대리석 상감이
민바르 주위의 바닥을 예배자 개인별로 나누어주고 있다.
민바르란 '연단(사진에서는 그 일부가 아치에 가려져 있음)'을
뜻하는 말로서, 아마도 성직자들은 이 민바르에서 설교를 했을 것이다.

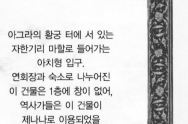

아그라의 황궁 터에 서 있는 자한기리 마할로 들어가는 아치형 입구. 연회장과 숙소로 나누어진 이 건물은 1층에 창이 없어, 역사가들은 이 건물이 제나나로 이용되었을 것으로 추측하고 있다.

| 제나나에서의 생활

황제가 국사를 처리하며 공식적으로 기거했던 곳이 황궁이었다면, 황제가 위안·조언·즐거움 등을 얻었던 곳은 다름 아닌 제나나라 불린 하렘에서였다. 제나나에는 수백 명의 시종들, 즉 환관, 종, 노예들뿐만 아니라, 황제의 어머니, 고모, 누이 및 애첩들을 비롯한 황궁의 모든 여성들이 기거했다. 정복지 출신의 여성들과 혼인관계를 맺음으로써 정치적 동맹을 강화했던 악바르 황제는 약 300명의 후궁들과 5,000명 규모의 하렘을 거느렸던 것으로 추정된다.

황궁의 여성들은 황궁의 공무를 보았던 구역에서 떨어져 살았다. 그들은 연못과 정원이 딸린, 화려하게 장식된 높은 벽으로 둘러쳐진 건물에서 살았으며, 이러한 건물에는 황실 여성들 개개인들을 위한 별도의 숙소가 마련되어 있었다. 병사들이 바깥에서 보초를 섰으며, 내부에서는 무장한 여성들이 침입자들로부터 제나나의 여인들을 보호했다.

황제의 여인들은 하루에도 여러 시간을 몸단장에 바쳤다. 그들은 오른쪽 엄지손가락에 반지로 낀 조그마한 거울을 통해 각자의 외모를 점검하기도 했다. 그러나 그들은 독서, 시 쓰기 및 체스를 즐겼으며, 상당수의 여인들은 예술을 후원했고, 황제에게 국사를 조언하기도 했다.

자한기르 황제의 부인인 누르 자한 왕비가
제나나의 정원 테라스에서 다과를 담은
쟁반을 들고 있는 하인들의 시중을 받으며,
장차 샤 자한 황제가 될 그녀의 아들 쿠람을
대접하고 있다. 이 세밀화는 1800년경에
그려진 것이다.

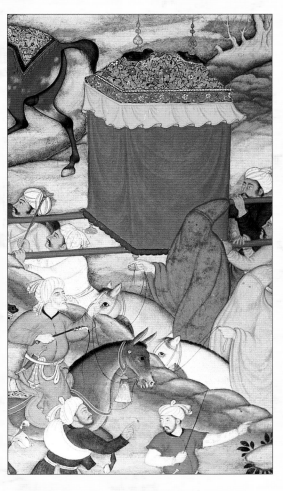

이 그림은 16세기 후반의 것으로서,
베일을 두른 하인들이 동행하는 가운데
황실의 어느 여인이 외부와 완전히 차단된
팰런킨(덮개를 한 가마)을 타고 여행하고 있다.
황제가 여행을 할 때에는 제나나에서
간택된 여인들이 황제와 동행했으며,
자신들만의 고급천막에서 야영을 했다.

악바르 황제(위쪽의 흰옷 입은 사람)가
1571년에 건설하기 시작한 붉은 사암으로 지은
궁전도시 파테푸르시크리를 시찰하고 있다.
황궁, 하렘 및 이슬람 사원을 포함한
이 도시의 건축물들은 인도와
페르시아 건축양식의 요소들을 혼합한 것이다.

한 무굴 왕자가 해질 무렵 정원에서 손님 및 하인들과
더불어 음악 및 다과와 시낭송을 즐기고 있다.
무굴 황실은 시인, 역사가, 철학자 및 신학자들을
지원했으며, 그들은 다양한 서적들을 집필하고,
그것들을 황실의 공식언어인 페르시아 어로 번역하기도 했다.

| 예술과 건축의 유산

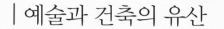

일찍이 악바르 황제는 "그림을 싫어하는 사람들이 많으나, 짐은 그런 자들을 좋아하지 않는다"라고 말한 적이 있다. 학문과 예술이 발전하는 풍요로운 시대가 시작된 것은 무굴 황제들의 부와 자원, 그리고 그들의 예술 및 건축에 대한 진정한 관심 때문이었다. 인도 전역과 페르시아 출신의 학자, 화공, 시인 및 장인들이 무굴 황실의 환대를 받았다.

또한 무굴 제국 초기에는 독특한 건축양식이 시도되었는데, 예를 들면 건물을 설계할 때에 정원을 포함시키기도 했다. 대개의 경우 정원들은 대칭형으로 배치되었으며, 분수나 흐르는 물이 있었다.

후대 황제들의 시대에는 돔, 볼트, 아치와 같은 페르시아 건축요소들을 인도식의 지붕 분관이나 지붕이 있는 발코니와 결합시켰다.

내부를 살펴보면, 황궁의 벽은 청금석, 비취, 홍옥수 및 기타 준보석들로 박아넣기 장식을 하여 복잡한 꽃 문양을 만들어냈다. 이슬람 문화권에서 꽃은 신의 왕국을 상징한다.

꽃 문양과 기하학적 무늬로 박아넣기 장식을 한 대리석, 돋을새김 및 글씨를 써넣은 대리석 판들이 타지마할의 흰색 대리석 영묘를 장식하고 있다. 1632년에 샤 자한 황제가 착공해 완공까지 근 20년이 걸린 타지마할은, 그의 사랑하는 아내인 아르주만드 바누 베감을 기리기 위해 지었는데, 원래 이름은 뭄타즈 마할('선택받은 궁전'이라는 뜻)이었으나, 이것이 잘못 전해져 타지마할이라 불리게 되었다.

1 :: 인도 해안에 도착하다

1615년 9월 26일, '쿵' 하는 대포 소리가 울리고 적색·백색·청색의 깃발과 작은 기들이 휘날리는 가운데 네 척의 영국 선박들은 인도 서북해안에 닻을 내리며, 무굴 제국 황실 주재 대사의 도착을 알렸다. 해안으로 향하던 두 척의 배들 중 한 척으로부터 대위법의 트럼펫 팡파르 소리가 울려퍼졌다. 다른 한 척의 배에는 몇몇 해군장교들과 상인들이 수행하는 가운데, 무굴 제국 황실 주재 대사인 토머스 로 경이 타고 있었다. 로 경은 인상적인 코밑수염과 염소수염을 한 35세의 훤칠한 사람으로서, 그는 바야흐로 눈앞에 다가오는 해변을 응시하며 그동안 자신이 이 해변에 도착하기 위해 견뎌내야 했던 지난 6개월간의 항해와 그 목적에 대해 골똘히 생각하기 시작했다.

제임스 국왕으로부터 받은 신임장에도 언급되어 있듯이, 로 경의 임무는 무굴 황제에게 청원해 "어떠한 장애나 방해 없는 평온한 무역 및 통상"을 허용하는 협정을 체결하는 것이었다. 풍부하고도 다양한 직물, 향신료, 인디고, 설탕, 초석 등이 생산되는 인도는, 로 경을 고용한 영국 동인도회사로서는 더할 나위 없이 훌륭한 무역의 기회를 보장해주는 땅이었다. 그 무렵 영국 동인도회사는 인도에 몇몇 거래소, 즉 상관들을 이미 운영하고 있었으나,

후추와 생강으로 유명한 인도 서남부의 텔리체리 항에 위치한 영국 동인도회사 상관에 영국 상선들이 정박해 있다. 영국인들이 배를 타고 처음 인도에 온 것은 17세기 초에 무역을 위해서였는데, 이로써 수천의 영국인들이 인도로 몰려드는 길이 트였다. 영국인들은 인도인들의 삶으로부터 영향을 받았을 뿐 아니라, 반대로 그들의 삶에도 큰 영향을 미쳤다.

영국인들에게 그곳에서 무역을 할 수 있는 권리를 부여하는 공식 협정은 아직 체결되지 않은 상태였다. 그리하여 동인도회사 이사회는 무굴 황제에게 협정을 맺어 달라는 청원을 하기 위해 벌써 여러 사람을 파견한 바 있었지만, 그들의 노력은 모두 수포로 돌아가고 말았다.

이윽고 해안에 다다른 신임대사 로 경은 힘차게 인도 땅에 첫 발을 내디뎠다. 그는 창과 머스킷 총으로 무장한 80명의 영국 수병들로 이루어진 의장대 사이를 지나며 그들을 사열했다. 인근의 수라트에서 온 관리들이 대형천막 밑에서 그를 기다리고 있는 것이 눈에 띄었다. 그러나 그들은 그에게 경의를 표시하며 일어서지 않

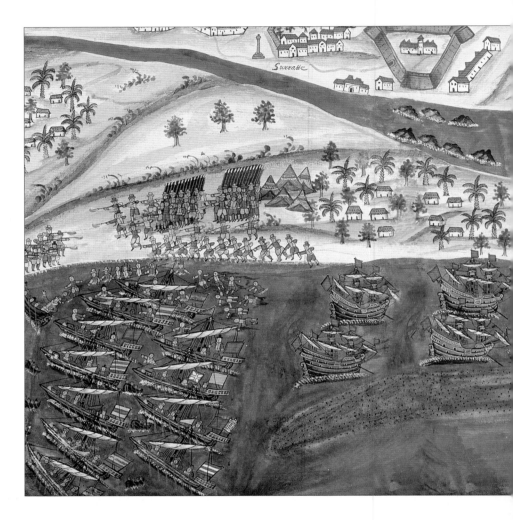

고, 카펫에 그대로 앉아 있었다. 로 경은 자신의 부하로 하여금 인도관리들에게 서둘러 달려가서, 제임스 왕의 사절을 맞이하려면 자리에서 일어나야 한다고 통보하도록 했다. 인도관리들은 로 경의 요청을 받아들였으며, 마침내 로 경은 그들이 기다리던 천막 안으로 천천히 들어섰다.

17세기 초, 인도의 수라트 인근의 무역을 장악하기 위한 전투에서 다섯 척의 네덜란드 군함 승무원들이 포르투갈의 갈레온 선들에 사격을 퍼붓고 있다(위). 유럽 인들은 동인도의 향신료 항로를 차지하기 위해 극심하게 경쟁하고 대립했는데, 이러한 경쟁과 대립은 폭력적이었을 뿐만 아니라 잔인했다. 오른쪽의 삽화는 인도네시아에서 네덜란드 인들이 영국상인을 고문하는 장면을 보여주고 있다.

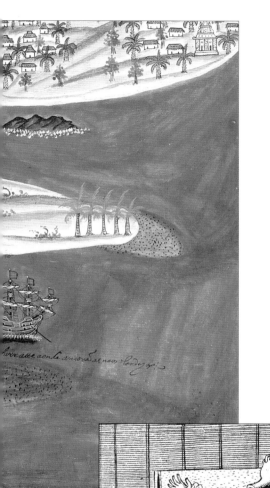

하지만 금세 또 다른 문제점이 노출되었다. 인도관리들은 로 경과 그의 수행원들에게 통상적인 세관 검색을 위해 소지품 검사와 몸수색을 받아야 할 것이라고 통보했다. 화가 난 로 경은, 그러한 굴욕적인 처사에 굴복해 "나의 주군을 욕보이는 일은 절대로 없을 것"이라고 소리쳤다. 하지만 인도관리들이 여전히 뜻을 굽히지 않자, 로 경은 발길을 돌려 자신이 타고 왔던 배로 되돌아가버렸다. 그러나 타협은 곧 이루어졌다. 로 경과 그의 수행원 다섯 명은 수색을 면제받았다. 그리고 나머지는 포옹만 하기로 했는데, 이는 예의를 갖춘 인사로 해석될 수도 있었지만, 경우에 따라서는 몸수색 행위로 볼 수도 있었다.

사실 로 경이 당초에 자칫 허세로 보일 정도로까지 강하게 경의를 표시하도록 요구한 것은 철저히 계산된 행동이었다. "우리 모두가 아주 무례하게도 주머니 속까지 수색당한" 예에서 보는 바와 같이, 그의 전임자들은 스스로 자존심을 던져버렸다고 그는 생각했던 것이다. 동인도회사에서 파견한 초기의 여러 청원자들은 영국 국왕의 신임장을 부여받고 파견된 것이 아니어서 무굴 황실은 그들을 단순히 장사꾼에 불과한 것으로 여기고 경멸했다. 그러한 자들이 대사신분의 승인을 요구했으므로 무굴 사람들은 영국과 그 통치자를 우습게 보았다. "영국 국왕의 명예는 내가 예상했던 것보다 훨씬 실추되어 있었다"라고 그는 훗날 자신의 책에서 썼다. 황실 주재 대사 로 경은 자기가 부여받은 임무를 성공시키느냐 못하느냐는 오로지 무굴 사람들이 그 자신과 영국에 대해 존경심을 가질 수 있도록 할 수 있느냐의 여부에 달려 있다고 생각했다. 그는 "모든 것들을 바로잡거나, 아니면 내 목숨과 운명을 그곳에 맡기기로 결심했다"라고 썼다.

　동인도회사의 어느 직원은, 토머스 로 경은 "현명했으며, 달변에다, 박식했고, 부지런한데다가 멋진 용모를 지닌 신사였다"고 했다. 런던 시장을 세 명이나 배출한 유명한 상인 가문에서 출생한 로 경은 옥스퍼드 대학교의 매그덜린 칼리지에서 수학하고, 엘리자베스 여왕과 제임스 왕의 신하로 일했으며, 제임스 왕으로부터는 훈공 작위를 받고 의회에 진출하기도 했다. 그는 심지어 남미의 아마존 강 원정대를 이끈 적도 있었다. 그후 결혼한 로 경은 돈이 필요했는데, 대사의 직위와 그에 수반된 급료를 수락하고는 매우 기뻐했다.

　로 경은 그 지역 인도관리들이 마련해준 말을 타고, 일부 수행원들과 더불어 동인도회사의 가장 중요한 상관이 있으며 활기찬 상업도시였던 수라트 시로 향했다. 당시의 수라트 시는 돌과 구운 벽돌로 쌓은 성과 굽이쳐 흐르는 탑티 강이 도시의 서남쪽을 막아주었고, 나머지는 흙벽이 보호해주었다. 성 바로 너머 노천시장에서는 포르투갈과 네덜란드는 말할 것도 없고, 인도와 영국뿐만 아니라, 터키 · 페르시아 · 아르메니아 등지에서 온 상인들이 물건을 놓고 언제나 흥정을 벌이고 있었다. 토머스 로 경 일행의 모습은 수라트의 열대기후에 적당한 옷차림이라 할 수 있는 헐거운 면 소재의 흰색 의복 일색에서 단연 돋보이는 것이었다.

　로 경이 도착한 때는 우기가 막 끝나고 건기로 접어들 무렵이었다. 날씨가 좋아지자 보다 많은 배들이 수라트에 도착해 정박했다가 인도의 다른 항구나

무굴 제국 황실 주재 대사 토머스 로 경은 언제나 영국식 복장을 착용했으며, 부하들에게는 아무리 더운 날씨에도 사람들 앞에 나설 때에는 붉은 태피터 망토를 입으라고 지시했다.

'신앙의 빛'이라고도 불리는 후광
이 자한기르 황제 주변을 둘러싼
가운데, 그가 어떤 성직자의 말에
는 귀 기울이는 반면, 터키 황제와
제임스 1세(아래 왼쪽)는 외면하고
있다. 이 그림 속에 등장하는 제임
스 1세의 모습은 토머스 로 경이
황제에게 선물한 초상화에서 베꼈
을 것으로 짐작된다.

다른 나라의 항구들로 출항했다. 그와 동시에, 짐을 잔뜩 실은 우차와 낙타 대상들이 대규모로 인도 내륙지방을 향해 출발했다. 그러한 무역을 통해 수라트의 일부 주민들은 부자가 되었으며, 그들은 집을 벽돌과 석회로 짓고, 대나무 커튼으로 꾸몄으며, 유리창으로 장식한 경우도 있었는데, 이는 가난한 시민들의 갈대집과는 극명한 대조를 이루는 것이었다.

수라트가 풍요롭게 된 것은 비교적 최근의 일이었다. 포르투갈과 네덜란드 인들의 출현 이전에도 아시아의 배들이 수라트 항을 자주 드나들긴 했으나, 무역이 폭발적으로 증가한 것은 16세기 초 그곳에 유럽 인들이 등장한 이후였다. 유럽 인들은 동인도(인도와 현재의 인도네시아 지역)의 향신료와 여타 물건들로 무척 많은 이윤을 남길 수 있었으며, 그들은 그러한 무역권을 장악하기 위해 서로 격렬하게 대립했다. 예컨대 인도에서는 포르투갈의 지배력이 가장 강했던 반면, 인도네시아 지역은 네덜란드가 장악했다. 거기에 후발주자인 영국이 1600년경 경쟁에 끼어들면서 기존 식민주의 국가들과 인도와 인도네시아 등지에서 경쟁을 시작했다.

훗날 로 경은 수라트를 일컬어 "전체 동인도 무역의 샘이요 생명"이라고 말한 바 있다. 그러나 그것은 훨씬 나중의 일이고, 지금 그는 한시

바삐 수라트를 뒤로 하고 아지메르에 도착해, 무굴 황제를 상대로 자신의 임무를 완수하는 것이 급선무였다.

포르투갈 인들은 자신들이 수십 년간 장악해왔던 아라비아 해상의 교역로를 위협하는 영국세력을 약화시키고자 했다. 1612년에 영국 동인도회사가 작고 기동성이 있으며 함포로 중무장한 선박들을 이용해, 수적으로 우세했던 포르투갈 함대를 수라트 근해에서 격퇴시킴으로써 무굴 제국에서의 발판을 나름대로 마련할 수 있었다. 이러한 영국 해군력의 과시는 아라비아 해를 건너 메카로 향하는 순례자들을 가득 태운 배를 유럽의 해적들로부터 보호하고자 했던 무굴 제국의 통치자들에 깊은 인상을 심어주었다. 그전에도 포르투갈이 순례자들을 보호해주긴 했으나, 무굴 인들과 포르투갈 인들이 항상 사이가 좋았던 것은 아니었다.

하지만 최근 들어 무굴과 포르투갈의 관계는 개선의 조짐을 보이고 있었다. 유력한 무굴 관리를 등에 업은 무굴 제국 황실 주재 포르투갈 대사는 영국의 무역을 전면적으로 금지시키는 협정 초안을 마련해 황제의 서명을 기다렸다. 하지만 무굴 황제는 그때까지 협정에 서명하지 않고 있었으며, 로 경은 자신이 황제를 만날 때까지 황제가 그 협정에 서명하지 않았기를 진심으로 바랐다.

로 경은 수라트에서 현지관리들과의 적대적인 관계로 말미암아 5주간을 더 기다려야 했다. 처음에는 세관검색과 영국물품의 하역과 압수를 둘러싸고 실랑이를 벌였으며, 나중에는 그곳 토후와 로 경 중 누가 먼저 상대방을 예방할 것인가를 두고 날카로운 신경전을 벌였다. 로 경은 모든 것들에 대해 하나하나 문제를 제기하며, 마침내 무굴 황실에 있는 동인도회사 대표에게 편지를 보내 자한기르 황제에게 상황을 알려줄 것을 부탁했다. 그리하여 자한기르 황제는 인도의 토후들에게 로 대사를 방해하지 말라는 내용의 칙령을 보내왔다. 황제의 성원에 힘입은 로 경은 마침내 마차에 짐을 싣고, 도적들로부터 그 마차를 지켜줄 사람들을 수행원으로 고용한 후 아지메르를 향해 다시 길을 떠났다.

아지메르 황궁에 이르는 약 1,000km의 고된 여행은 두 달 가까이나 걸렸다. 로 대사 일행은 일단 수라트 시에서 정동쪽에 위치한 부르한푸르 시로 갔다가, 그곳에서 북쪽으로 방향을 잡아 아지메르로 향했다. 사실 그 길은 우회로였으나 지름길보다는 훨씬 안전했으며, 더군다나 부르한푸르에서 로 대사 일행은 황제의 차남인 파르위즈 왕자를 만나 경의를 나타낼 수 있었다. 로 대사는 왕자에게 선물을 듬뿍 안겨준 결과 퍼만, 즉 칙령을 받아낼 수 있었는데, 그 결과 동인도회사는 탑티 강을 따라 수라트와 연결되는 부르한푸르 시에 자신들의 상관을 개설할 수 있었다. 하지만 로 경은 그곳에서 심한 열병에 걸리고 말았다. "엄청난 열을 지닌 하나님의 손이 이곳에서 나를 찾아왔다. 나는 불과 천막 두 개 사이의 거리도 걸을 수가 없었다"라고 그는 썼다. 여행의 막바지에 이르러서 로 대사는 팰런킨에 몸을 맡기기도 했다. 그리하여 천신만고 끝에 아지메르에 도착한 그는 거의 3주가 지나서야 겨우 몸을 추스를 수 있었다

1616년 1월 10일 오후 4시, 마침내 로 경은 아지메르 황궁에 모습을 드러냈다. 그때는 마침 두르바르가 시작된 시간으로서, 매일 두 시간씩 열리는 그 두르바르에서 "황제는 이방인들을 환대하고, 청원과 진상품을 받으며, 명령을 내리기도 하고, 사람들을 접견했다"라고 로 경은 썼다. 신분에 따라 경계가 지어진 황궁의 알현실에서 사람들은 크게 세 부류로 나뉘어 서 있었다. 예컨대 평민들은 맨땅에, 그보다 조금 높은 계급의 사람들은 다소 높은 단위에, 그리고 최고위 귀족들과 방문객들은 우단과 비단으로 짜여진 천개 밑 융단이 깔린 높은 단 위에 서 있었다. 그 속에서 자한기르 황제는 두 명의 환관이 부채를 들고 시중을 드는 노대(露臺) 한가운데 앉아 있었는데, 그의 이름 자한기르는 '세계의 정복자'를 의미했다. 사실 당시 자한기르 황제가 다

| 동인도회사의 출범 |

1601년 2월의 파도가 거칠던 어느 날, 네 척의 영국 동인도회사 소속 무역선이 본국을 출발해 동인도로 향했다. 하지만 그때까지도 이 모험에 찬 항해의 후원자들은 동인도를 향한 그 첫 항해가 장차 아대륙 인도를 중심으로 하는 거대한 무역망을 형성할 것이라고는 예상도 하지 못했다.

동인도회사는 수년에 걸친 활동을 통해서, 본국에서 그토록 멀리 떨어진 곳과 무역을 하기 위해서는 보다 큰 기항들에 상관, 즉 거래소를 설치하는 것이 필수적이라는 사실을 깨달았다. 인도에서는 지역의 거간꾼들과 육로 및 해상의 상인들이 상관에 모여들었으며, 그들 중에는 내륙지방의 직물상인들이나 페르시아 만에서 온 커피 거래상들도 있었다. 그리고 흔히 대리상으로 알려진 동인도회사의 중개상들 또한 외지에서 정기적으로 들어오는 물품들을 계약해 동인도회사의 상선이 항구에 도착할 때마다 상품을 즉시 공급할 수 있도록 했다. 그런데 이때 미리 계약을 마무리해두면, 배가 항구에 도착했을 때 물품가격을 놓고서 중개인들과 마지막 순간까지 실랑이를 벌이며 시간을 허비하는 일을 예방할 수 있었다.

영국 최초의 인도 상관은 서북해안의 수라트에 설치되었다. 하지만 나중에는 수라트 남쪽의 봄베이가 수라트를 대신해 인도 서해안의 주요 교역 중심지가 되었다. 한편, 동해안에서는 마드라스와 캘커타의 요새화된 상관들이 무역의 중심지로 부상했다. 초기에 봄베이·마드라스·캘커타의 상관들은 각 지역 책임자와 원로상인 협의회의 감독하에 각기 독자적으로 운영되었다. 그리고 이 세 곳의 지역 책임자들은 주변의 소규모 상관들도 직접 관장하면서 유사시 직접 런던 본부에 보고했다.

1710년경에 이르면 동인도회사는 매년 10~15척의 상선을 동양으로 파견했으며, 그중 일부는 중국으로까지 가서 동인도회사가 가장 이윤을 많이 남긴 수입품들 중 하나인 차를 구하기도 했다. 영국에서 인도를 왕복항해하는 데에는 상품을 하역하고 순풍을 기다리는 기간까지를 포함해 대략 1년 6개월 정도가 소요되었다. 동인도회사 상선들은 대개 가을이나 겨울에 영국을 떠나, 모든 것이 순조로우면 우기가 시작되는 6월 이전인 약 6

'인도 전체의 창고'로 불린 수라트 소재
영국 동인도회사 상관(위) 주변에
인도상인들이 모여 있다. 상관은
나중에 지어진 것일수록 점차
요새화되었으며, 인도인들은
이 요새화된 상관 부근에
도시를 형성했다.

왼쪽의 것은 어느 인도화공이 천에다
그린 고도로 정형화된 삽화로서,
인도중개인들이 바깥의 깃발 아래에서
기다리고 있는 가운데(맨 왼쪽),
유럽 상인들이 화려하게 꾸민
상관의 정원에서 담소를 나누고 있는 장면을
그렸다(왼쪽). 봄베이에서 상인들은
오른쪽의 것과 같은 봄베이 루피 화로
상거래를 했으며, 이 루피 화는 영국 동인도회사가
찰스 2세의 재가를 받아 1678년부터
주조하기 시작한 것이다.

동인도회사 소속 상선이 런던의
부둣가에 각종 상품이 든 통, 상자
및 꾸러미들을 하역해놓고, 인근의
동인도회사 본부 뒤편의 뜰에 위치한
창고로 상품들이 운반되기를 기다리고 있다.

런던 소재 동인도회사 본부 경매장에서
구매예정자들이 상품입찰에 참여하고 있다. 어
느 입회인은 구매자들과 판매자들의
"악을 쓰며 소리 지르는" 모습이
"무척 볼썽사나웠다"고 말하기도 했다.
이 그림은 19세기의 경매 모습을 그린 것이다.

개월 후에 인도에 도착했다. 그리고 인도에서 6개월 여를 정박한 상선들은 새해 연초에 인도를 떠나 희망봉 부근의 무역풍을 탔으며, 겨울에 영국에 도착하는 것은 웬만하면 피했다.

영국에 도착한 상선들은 런던에 있던 동인도회사 부두들에 정박했으며, 그곳에서 수입상품 화물들을 하역해 판매할 준비를 했다. 이때 동인도회사는 영국과 유럽 전역에서 몰려온 도매상들을 위해 상품들을 정기적으로 경매에 부쳤다. 경매는 각 물품별로 진행되었으며, 어떤 때는 경매가 1주일 가량이나 진행되는 경우도 있었다. 그후 남은 상품들은 동인도회사 창고로 옮겨져 영국전역의 개별 구매자들에게 팔려나갔으며, 동양에서 온 상품들은 영국인들의 의식(衣食)을 크게 바꾸어놓았다.

스리던 신민은 1억 명이 넘었으며, 무굴 제국의 영토는 오늘날 아프가니스탄, 파키스탄 및 인도 북부와 중부 전역을 아우르는 광활한 지역이었다.

토머스 로 경은 두 명의 시종이 양옆에서 따르는 가운데 황제를 향해 걷기 시작했다. 그는 어쩌면 황제 앞에서 엎드려 절하라는 요구를 받을지도 모른다고 생각하고, 사전에 무굴 관습이 아니라 영국관습에 따라 적절한 '경의'를 표시하기로 이미 합의를 봐두었다. 로 경은 신분에 따라 경계가 지어진 구역을 지날 때마다 잠시 멈추어 서서 고개를 숙여보았다. 이윽고 그는 알현실 가장 안쪽에 이르러 고개를 들어 올려다보며 영국 국왕의 신임장을 제출했다. 통역관이 무굴 황실의 언어인 페르시아 어로 통역하는 가운데, 자한기르 황제는 로 대사에게 환영의 뜻을 전하고 황제인 자신과 영국의 제임스 1세는 '형제였음'을 재천명했다. 잇달아 로 대사는 예물로 영국출신의 마부가 딸린 지붕이 있는 멋진 마차를 포함해 자신이 가져온 진상품들을 내놓았다. 황제는 "진상품으로 받은 마차를 무척 좋아해, 밤인데도 황궁에서 마차에 올라 내 부하 두세 명으로 하여금 조금 몰아보도록 했다"라고 로 경은 썼다. 자한기르 황제는 또한 장식용 검을 선물받았는데, 그는 스카프를 이용해 그 검을 자신의 허리에 묶고는 "검을 뽑아 휘두르며 이리저리 걸어다녔다."

무굴 황제 자한기르에 대한 로 대사의 첫인상은 그 후로도 변함이 없었다. "무척 다정했고 표정은 활기가 넘쳤으며, 오만함은 찾아볼 수 없었고, 대화의 분위기는 화기애애했다"라고로 대사는 기록했다. 당시 40대 후반이었던 자한기르 황제는, 10년 전 자신의 아버지인 악바르 대제로부터 황제의 자리를 물려받았다. 그는 술과 후궁들을 지나치게 가까이했으며, 때로는 국사에 소홀했고, 이따금씩은 잔인한 면모를 여지없이 드러내기도 했다. 일례로 그는 자신의 아들 중 장남이 반역을 도모하자 300명이 넘는 왕자의 추종자들을 모조리 학살했으며, 그도 모자라 장남인 왕자는 한쪽 눈을 멀게 만들어 옥에 가두어버렸다. 자한기르 황제는 자신이 인식한 것을 일기에 꼼꼼히 기록해두는 등, 과학과 자연에 대해 강한 호기심을 지닌 사람이기도 했다. 황실 화공들은 자한기르의 후원하에 왕성한 활동을 할 수 있었으며, 그 결과 그들은 매우 뛰어난 초상화들을 그려냈다. 자한기르 황제는 동식물들을 시각적으로 기록해두고 싶어했으며, 그 때문에 화공들 사이에서는 독창적이고 새로운 사실주의 화풍이 발전하기도 했다.

한편, 자한기르 황제 개인적으로는 황실 주재 영국대사 로 경의 진지한 태도와 고매한 원칙들에 매료되었다. 그러나 그는 로 대사의 임무 따위에는 철저히 무관심했다. 비록 자한기르 황제가 영국 대리상(동인도회사의 중개상)들을 추방할 생각은 접었다고는 하지만, 그 자신은 영국과의 무역에는 그다지 관심이 없었기 때문이다. 그는 섬나라 영국에서 생산된 것들은 은을 제외하고는 모두 자신의 백성들에게는 필요 없는 물건들뿐이라고 생각했다. 그리고 상대적으로 구속력이 약한 칙령과는 달리, 공식적인 조약체결은 무굴 황실의 위엄과 권위를 훼손시킨다고 여긴 것도 그가 로 경의 임무에 무관심한 태도를 보인 이유의 하나였다.

하지만 강력한 구속력을 지닌 무역협정 체결을 원했던 로 대사는 곧 한 가지 새로운 사실을 깨달았다. 그것은 황제가 영국에 무역특혜를 베푸는 것에 반대하는 강력한 당파에 둘러싸여 있다는 것이었다. 그 당파의 중심에 황제의 사랑하는 아내 누르 자한 왕비가 있었다. 하지만 로 대사는 지체 높은 여성은 공개적인 장소에 모습을 드러내지 않는다는 무굴의 풍습에 따라 한 번도 그녀의 얼굴을 직접 보지는 못했다. 그녀는 매우 총명할 뿐만 아니라 아름다우며, 탁월한 시인이자 호랑이 사냥에도 능숙한 다재다능한 모습으로 황제 뒤에 숨어 황제를 조종하는 숨은 실력자로 알려져 있었다.

누르 자한 왕비의 숨은 영향력에 더욱 힘을 실어준 것은 재상이었던 그녀의 아버지, 주요 대신의 자리를 차지하고 있던 그녀의 오빠, 황제가 몹시 아꼈던 쿠람 왕자의 아내인 그녀의 조카, 그리고 수라트를 아우르는 지역의 토후인 쿠람 왕자였다. 그런데 당시 왕비를 포함해 이 5인방의 최대 관심사는 쿠람 왕자로 하여금 왕위를 계승하도록 하는 것이었다. 하지만 영국과 우호적인 관계를 맺으면, 자칫 유력한 포르투갈 세력과의 관계가 멀어지지 않을까 하는 것이 그들의 걱정거리였다.

로 대사는 황제의 환심을 살 수 있는 가장 확실한 방법은 동인도회사 상선에 싣고 온 상품들을 황제에게 선물로 바치는 것이라고 생각했다. 자한기르 황제는 엄청난 부자였지만 로 대사가 가져온 상품을 무척 탐낸 나머지, 어떤 해에는 그가 가져온 상자들을 압수해버린 적도 있었다. 로 대사를 더욱 격분시킨 것은 황제가 그 자신을 위해 그 모든 것을 독차지했다는 사실이었다. 황제는 심지어 황실의 다른 사람들을 위해 준비한 선물들과 로 대사 자신이 쓰려고 가져온 모자까지도 빼앗았다. 하지만 무엇보다도 자한기르 황제는 영국산 큰 말을 한 마리 갖고 싶어했다. 그는 짐짓 말 여섯 마리를 배에 싣고 오면 한 마리쯤은 살아남지도 않겠느냐고 넌지시 로 대사에게 말하기까지 할 정도였다. 그리고 한번은 영국산 매스티프 견 두 마리가 오랜 항해에서도 살아남자 황제는 네 명의 하인들을 붙여주었는데, 그중 두 명은 팰런킨에 매스티프 견을 태우는 일을, 나머지 두 명은 부채를 부쳐주는 일을 맡도록 했다.

그러나 역시 자한기르 황제가 가장 좋아한 것은 그림이었다. 황제는 로 대사가 자신의 아내를 그린 멋진 세밀화를 지니고 있는 것을 보고, 궁정화공들로 하여금 자신의 초상화를 다섯 장이나 그리도록 해서 그의 아내들에게 각각 하나씩 지니도록 했다. 로 대사는 황제에게 또 다른 세밀화를 바치며, 유럽 인들만이 그러한 걸작을 그릴 수 있을 것이라고 자랑삼아 말했다. 그러자 자한기르는 궁정화공들에게 그것과 똑같은 그림을 여러 장 그리도록 한 후, 로 대사에게 그것들 가운데 섞여 있는 원본을 골라내보라고 했다. 로 대사는 원본을 정확히 골라내지 못했다. 그러자 자한기르가 말했다. "그것 보시오. 우리 인도인들은 그대들이 생각하는 것처럼 그렇게 재주가 없지는 않다오."

자한기르 황제가 무굴 황실에 머물고 있던 로 대사의 체재비를 유럽의 관례와는 달리 부담해주지 않은 것에 대해 로 대사와 동인도회사측은 서운하게 생각했다. 이따금씩 황제는 자신이 사냥에서 잡은 멧돼지나 큰 사냥감들을 로 대사의 관저에 보내곤 했다. 황제는 또한 로 대사에게 중죄 혐의가 있는 남자 죄수 한 명을 보내 노예로 삼게 했으며, 더불어 여자 노예도 한 명 보내주었다. 로 대사는 남자는 하인으로 거두었으나, 여자는 되돌려보냈다. 그때 로 대사는 여태껏 황실의 호의라는 것이 고작 "돼지고기, 사슴, 도둑과 매춘부 한 명씩"이라고 투덜거렸다. 로 대사는 그렇게 불만을 터뜨렸으나, 사실 자한기르 황제로서는 자신이 대사의 직분에 합당하다고 여긴 선물들을 하사했을 것이다.

조약체결을 간절히 원했던 로 대사가 겪어야 할 시련과 역경은 여전히 그를 기다리고 있었다. 그는 황제가 제국 곳곳을 순행하는 동안 황제를 수행하며 우기에 쓸려 내려갈 수도 있는 흙벽을 한 이엉지붕 오두막에서 머물기도 했다. 그는 이질과도 싸웠으며, 수행원 7명이 전염병에 감염되어 한꺼번에 목숨을 잃기도 했고, 사자가 그의 애완견을 먹어버린 일도 있었다. 그러나 3년이 넘는 줄기찬 노력에도 불구하고 로 대사가 간절히 원했던 정식조약은 체결되지 못했다.

그럼에도 불구하고 로 대사가 이룬 성과는 컸다. 그는 모카 및 홍해의 여러 항구들과는 물론이고, 페르시아와 상당한 이윤이 남는 교역을 개척하는 데 기여했다. 아울러 그는 영국 동인도회사에 도움이 되는 조언을 많이 해주었다. 예컨대, 그는 건설비용이 "이윤을 갉아먹을 것"이라는 이유로, 포르투갈처럼 육상에 기지를 둔 군사요새는 구축하지 말라고 조언했다. 대신 그의 제안은 "평온한 해상무역을 통해 이윤을 추구하는 것을 관례로 받아들이도록 하자"는 것이었다. 즉, 영국의 강력한 해군력의 보호하에 평화로운 해상무역을 추구하자는 것이 그의 주장이었다.

1619년 초, 토머스 로 경은 수라트에서 고국 영국으로 돌아갈 배를 기다리고 있었다. 하지만 그때의 로 경은 그전에 무굴 황제로부터 냉담한 대접을 받던 그가 아니었다. 고국으로 돌아가는 그의 품속에는 과거 그를 적대시했던 쿠람 왕자가 준 특허장이 있었다. 그 특허장으로 말미암아 수라트의 동인도회사 대리상들의 지위는 강화되었고, 안정적으로 무역에 종사할 수 있었으며, 무기 소지도 가능했고, 자치권도 부여받게 되었다. 로 대사는 또한 자한기르 황제가 제임스 국왕에게 보내는 우정어린 친서도 지니고 있었다. 무굴의 통치자 자한기르는 그 친서에서 영국상인들을 공정하게 대우해줄 것을 약속했으며, 영국상선의 자유로운 통행도 보장해주었다. 그리고 자한기르는 제임스 국왕에게 영양 두 마리, 천막 한 장과 화려한 융단 몇 장을 답례품으로 보내주기까지 했다.

자한기르 황제의 친서와 선물을 싣고 고국으로 돌아온 토머스 로 경은 그후 유럽 각지를 돌아다니며 성공적인 외교관 생활을 했다. 하지만 여전히 그가 이루어놓은 가장 큰 업적은 머나먼 인도에서 거둔 성과였다. 그로부터 수십 년에 걸쳐 수천 명의 영국인들이 인도로 향했다. 그중 일부는 아대륙 인도에 가서 이국땅의 신비로움에 경탄하기도 했고, 또 다른 일부는 무역이나 약탈을 통해 부자가 되기를 꿈꾸며 인도로 가기도 했다. 유럽에서의 전쟁이 인도로까지 확대됨에 따라, 더러는 머스킷 총을 어깨에 멘 자들도 생겨났다. 또한 본국에서 결혼할 가능성이 거의 없었던 무능력한 젊은 남녀들이 인도행 배에 오르기도 했으며, 그들의 부모는 자식들이 고국에서 결코 이룰 수 없었던 성공을 이국땅에서 이루게 되기를 간절히 기원했다. 로 경의 업적은 이 모든 사람들을 위해 미리 무대를 마련해준 것이었다. 영국인들이 머나먼 인도 땅에서 결국에는 뿌리를 내리고 성장해나갈 수 있는 여건을 로 경이 조성한 것이다.

　토머스 로 경이 임무를 수행한 시기부터 17세기 말에 이르기까지 약 80년 동안, 자한기르의 뒤를 이은 무굴 제국의 황제들과 여타 지역 군주들은 영국 동인도회사가 인도해안을 따라 추가로 상관을 설치할 수 있도록 허용해주었다. 영국과 포르투갈과의 경쟁은 주춤해졌으나, 대신 영국과 네덜란드, 그리고 이후에는 영국과 프랑스 간의 경쟁이 치열해졌다. 유럽의 각국 정부는 이런 대립관계에 있던 나라들의 무역을 방해하기 위해 자국의 사략선이 타국의 상선을 약탈하는 것을 허용했으나, 보물찾기에 혈안이 된 상당수의 해적들은 그러한 허울 좋은 합법성조차도 우습게 생각했다. 유럽의 숱한 해적들이 아라비아 해에 들이닥쳐 상선을 습격하고, 물건을 가득 싣고 메카를 오가던 순례선단을 노략질했던 것이다. 영국 동인도회사도 그러한 해적들이 인도에서의 동인도회사의 미래를 위협하고 있음을 곧 깨닫기 시작했다.

　1695년 9월에는 악명 높은 영국해적 헨리 에이버리가 거느린 선단이 인도 서해안에서 순례선단을 공격했다. 해적들은 순례자와 보물을 가득 싣고 메카로 가던 무굴 제국 아우랑제브 황제 소유의 거선 간지이사와이 호에 올라 금은보화를 마구 약탈하고, 순례자들을 고문하거나 겁탈했는데, 피해자 가운데는 아우랑제브 황제의 딸도 있었다고 한다. 아우랑제브 황제는 해적들이 영국출신임을 알고 수라트의 모든 영국인들을 가두어버렸다. 영국 동인도회사

에드워드 발로의 항해일지에 등장하는 삽화로서, 잔뜩 부풀어 오른 돛에 깃발을 펄럭이며 언제든 대포 발사 준비를 완료한 동인도회사 소속 인도무역선 셉터 호가 항해를 하는 장면. 셉터 호 선장 발로는 1670년대에 인도네시아에서 네덜란드의 포로로 잡혀 있던 동안 직접 삽화를 그려넣은 항해일지를 기록하기 시작했다.

는 순례선단을 안전하게 호송하겠다는 약속을 하는 것과 동시에 감옥에 갇힌 영국인들의 몸값을 지불하고 나서야 겨우 그들을 석방시킬 수 있었다. 그때 모든 영국선원과 대리상들이 분명히 깨달은 사실이 하나 있었다. 그것은 만일 그와 같은 사건이 또다시 발생한다면 아마도 아우랑제브 황제는 자신의 제국에서 동인도회사를 영원히 추방할 것이라는 점이었다.

1697년 6월 14일, 영국선원 에드워드 발로는 그와 같은 사건의 재발 가능성을 사전에 막아야 한다는 막중한 책임이 자신의 양어깨에 지워졌음을 깨달았다. 그는 셉터 호 갑판에 서서, 선장의 시신을 넣은 관이 납덩이를 매단 채 아라비아 해의 파도 밑으로 가라앉는 것을 지켜보았다. 선장이 병에 걸려 죽은 것은 지난밤의 일이었다. 일등항해사인 발로는 서열상 선장 바로 다음이어서 셉터 호의 지휘권과 임무를 물려받은 것이다. 동인도회사의 인도무역선 셉터 호는 두 척의 네덜란드 배와 더불어 홍해의 모카 항으로 파견되어 순례선단과 합류하기로 예정되었으며, 또한 면직물과 향신료를 커피와 금으로 교환하려고 순례자들과 더불어 여행하는 인도상인들과도 만나기로 약속되어 있었다. 호송선 셉터 호의 임무는 간단했다. 즉, 모카에서 3,200km에 이르는 수라트로의 귀환 항해길에 오른 순례선단을 반드시 보호하는 것이 그 임무였다.

애초에 발로가 선원이 된 것은 "이국땅의 신기한 것들을" 구경하고픈 열망 때문이었으며, 셉터 호 선장이 될 당시 그의 나이는 55세였다. 발로의 아버지는 빚에 쪼들렸던 농부로서 맨체스터 근처에 살았다. 발로는 어릴 적에 무척 가난해서, "교회에 입고 갈 만한 적당한 옷"이 없었다고 한다. "굴뚝의 연기에서 벗어나 단 하루도 여행을 하지 않으려는" 이웃들의 편협함에 반발해, 그는 15세 되던 해에 집을 뛰쳐나와 런던으로 갔다. 런던에서 그는 처음으로 배를 보았으며, 얼마 지나지 않아 영국해군 군함 일등항해사의 조수가 되었다. 그후 1669년부터 발로는 영국 동인도회사 소속 상선에서 일하며 비교적 성공적인 선원생활을 하고 있었다. 그러나 그는 선장이 되는 것은 포기했다. 왜냐하면 그는 몹시 가난했으며(당시 선장이라는 직위는 대개 선주에게 돈을 주고서 사야 했다), 지나치게 솔직한 성격이었던 것이다. 그는 선장과 말다툼을 벌이다 배에서 쫓겨난 적이 두 번이나 있었다. 그런데 이제 뜻밖의 행운으로 그가 선장의 자리를 차지하게 된 것이다. 하지만 동인도회사가 그에게 계속 선장의 자리를 맡길 것인지는 좀더 두고 볼 일이었다.

병사한 선장을 수장한 나흘 후에 셉터 호는 모카 항에 도착했다. 모카로의 항해는 힘겹고도 위험한 것으로서, 배는 거친 파도와 강풍으로 계속 심하게 흔들렸으며 역풍과도 싸워야 했다. 무사히 모카 항에 도착한 것은 진정한 위업이라고 할 수 있었으며, 그 점은 지역주민들도 인정했다. 발로와 셉터 호의 경리관이 상륙해서 물건을 놓고 흥정을 시작하자, 한 무리의 소년들이 그들에게 세레나데를 불러주었다. 새로 선장이 된 발로는 자신의 항해일지에, "그 곡의 선율은 그 시기에 우리가 그곳에 무사히 도착한 것을 환영하기 위한 것으로서, 이전에는 그와 같은 위업을 달성한 자들이 아무도 없었다"

발로 선장이 그린 또 다른 삽화. 유럽 상관이 자리잡고 있던 후글리 시와 후글리 강 인근의 코뿔소 한 마리가 보인다. 발로는 수마트라에서 해고된 후, 1683년에 인도 동북부의 벵골 지방으로 가게 되었다. 그곳에서 고국으로 돌아가는 배편을 기다리는 동안, 호기심이 많았던 그는 벵골 지방의 풍습·무역·동물들에 관한 많은 정보를 수집했다.

라고 썼다.

셉터 호가 파견된 목적이 비록 순례자들을 보호하기 위해서였다고는 하지만, 무역활동도 소홀히 할 수는 없었다. 사실 인도무역선(동인도회사 소속의 상선)의 재정적 생존여부는 무역에 좌우되었다. 발로 선장은 셉터 호에 싣고 갔던 설탕, 후추, 쌀, 칼, 가위, 납, 철 따위의 뱃짐을 내렸다. 그 대신 그는 향신료, 염료 및 상아 등을 골랐으나, 실제 배에 실은 물품은 커피가 대부분이었다. 그 무렵 모카 항은 이미 커피로 인해 세계에 널리 알려져 있었던 것이다.

발로 선장은 북쪽에 위치한 메카로부터 순례선단이 도착하기를 기다리며 모카에서 시간을 보냈다. 모카 항의 해안거리는 백색으로 회칠이 되었으며, 이슬람 사원의 우뚝 솟은 첨탑들이 있었고, 주민들은 세계각지에서 온 사람들로 구성되었는데, 그중에는 시리아, 아르메니아, 유대 및 인도 상인들도 있었다. 한번은 인도출신의 어느 부유한 이슬람 상인이, 발로 선장과 그와 함께 온 네덜란드 선장들을 자신의 집으로 저녁초대를 했다. "그는 훌륭한 음식으로 매우 융숭한 대접을 해주었으나, 식탁을 사용하지 않는 대신 융단을 펼쳐놓고 쭈그려 둘러앉았는데, 그러한 자세에 익숙하지 않았던 우리들은 몹시 애를 먹었다"라고 발로 선장은 썼다.

셉터 호와 두 척의 네덜란드 선박, 그리고 17척으로 구성된 순례선단이 1697년 8월 11일 출항할 무렵, 발로 선장은 인근 해안에서 해적선 한 척이 노략질을 하고 있다는 소문을 들었다. 해적들은 모카 항 서남쪽에 있는 어느 섬에 상륙해, 가축을 약탈하고 일부 주민들을 살해했다는 것이었다. 그 해적들의 근거지는 홍해 어귀 근처에 있는 섬들 가운데 하나인 것으로 알려졌으며, 발로 선장의 호송선단은 홍해 어귀에서 남쪽으로 가서 좁은 바브 엘 만데브 해협을 통과해야 했다. 두 척의 네덜란드 선박에는 도합 60문의 포가 탑재되어 있긴 했으나, 발로 선장은 네덜란드와의 이러한 일시적인 동맹관계를 그다지 신뢰하지 않았다. 상당수 인도인들은 해적이란 당연히 영국출신일 것이라 믿고 있었으며, 그 때문에 네덜란드 인들이 마음만 먹으면 공격받은 것을 빌미로 그들의 경쟁상대인 영국인들을 쉽사리 의심받게 만들 수도 있음을 발로 선장은 잘 알고 있었다. 따라서 발로 선장은 자신의 셉터 호만을 전적으로 의지했는데, 셉터 호는 이중갑판에다 36문의 포를 탑재한, 매우 튼튼하게 건조된 동인도회사의 인도무역선이었다.

8월 14일, 발로 선장의 호송선단은 한밤중에 바브 엘 만데브 해협을 조용히 미끄러지듯 통과했다. 잔뜩 긴장할 대로 긴장한 승무원들은, 혹시라도 정체를 알 수 없는 배가 나타나는 징후가 보이면 즉시 소리칠 태세를 갖추고 바다를 찬찬히 훑어보았다. 그러나 그들은 아무런 방해도 받지 않고 해협을 통과했으며, 결국 안도의 한숨을 내쉬며 해협을 무사히 빠져나왔다. 그러나 안심하기에는 너무 일렀다. 다음날 아침 갑판에 서서 이슬람 순례선단을 훑어보던 발로 선장은 간밤에 모종의 사건이 발생했음을 직감했다. 순례선단의 배가 17척이 아니라 18척이었으며, 마지막 18번째 배의 돛대 꼭대기에는 해적선을 상징하는 핏빛 깃발이 나부끼고 있었던 것이다!

바람은 약했으나, 해적선은 약탈대상의 배 쪽으로 재빠르게 접근하고 있었다. 설상가상으로 발로 선장의 배와는 달리 그 해적선의 아래쪽 포열갑판에는 일렬로 구멍을 내어 노를 갖추고 있어서 바람이 잔잔해도 배를 움직일 수 있도록 되어 있었다. 그와는 달리 돛만을 갖춘 셉터 호는 해적선과 같은 기동성을 발휘할 수 없었다. 그러나 발로 선장 쪽은 기습공격을 할 수 있는 이점이 있었다. 셉터 호는 깃발을 게양하지 않았으므로, 멀리서 보면 셉터 호가 이슬람 순례선들보다 한층 강력한 영국 동인도회사 소속의 인도무역선임을 알아보기가 쉽지 않았던 것이다. 발로 선장은 해적들이 셉터 호를 이슬람 순례선으로 오인하기를 바라며 포를 쏘지 않고 기다렸다. 이윽고 해적선과 셉터 호가 거의 나란한 위치가 되자, 발로 선장은 "해적선에 두세 발의 포를

발사했다." 마침내 순례선단을 사이에 두고 해상전투가 벌어진 것이다.

섭터 호에서 발사한 포탄들은 해적선을 빗나갔다. 해적선이 사정거리 밖에 있었던 것이다. 돛이 별반 쓸모없는 상황이었으므로 발로 선장은 부하들에게 보트를 띄우라고 소리쳤다. 견인 밧줄을 부착한 상태에서 보트에 탄 부하들은 섭터 호를 그들 뒤쪽에서 끌어 보트와의 간격을 좁히려 애썼다. 그사이 해적들이 이슬람 순례선에 발사한 포탄이 순례선의 선체를 뚫고 돛을 찢어버렸다. 이제 섭터 호의 깃발이 나부끼는 가운데, 발로 선장은 또다시 포를 발사하고, 가능한 모든 승무원들에게 돛대 높이 올라가서 적들에게 소리쳐서 겁을 주고 욕설을 퍼부으라고 명령했다. 그것은 적들에게 겁을 주어 굴복시키기 위한 하나의 전략이었다. 그 전략은 적중했다. 오래지 않아 해적들은 황급히 노를 저으며 침로를 바꾸어 사라져버렸다.

그레이트 무굴 커피점

동인도회사는 진귀하거나 이전에는 알려지지 않았던 많은 물품들을 본국으로 가져왔는데, 그 중에는 커피라고 알려진 작은 검정콩 모양의 열매도 있었다. 1652년에는 런던 최초의 커피점이 문을 열었다. 뒤이어 수백 개의 커피점이 개점했으며, 그 가운데는 '그레이트 무굴' '술타니스 헤드'와, 거룻배 위에다 멋지게 지은 '템스 강의 선상 커피점' 등이 있었다. 고객들은 커피점에 자주 들러서 중국차와 커피를 마셨으며, 신문을 읽었고, 그날의 화제를 토론하기도 했다.

커피와 커피점의 인기가 높아지자 영국의 에일 맥주업계측 사람들이 강력히 반발했다. 그들은 커피가 "이교도적인 음료"이자, "천하고 검으며, 진하고 구역질이 나는데다가, 쓴맛에 악취가 풍기는, 진지리나는 흙탕물"이라고 깎아내렸다. 커피가 수입된 초기에 그러한 조롱을 당한 데에는 나름의 이유가 있었다. 초기의 커피는 아라비아 산 커피를 수라트의 인도상인들로부터 구입한 것으로서, 그것을 후춧가루 및 기타 자극적인 냄새를 풍기는 부피가 큰 물품들과 함께 바닥짐으로 선적했다. 그리하여 런던에 도착할 때쯤 되면 커피는 이미 주변의 악취를 모두 빨아들여 고약한 냄새를 풍겼던 것이다. 하지만 오래지 않아 상선들은 커피의 변질방지와 운송비용 절감을 위해 곧바로 홍해로 출항해 커피를 싣고, 인도 항구에는 기항하지 않고 영국으로 되돌아오게 되었다.

그날 하루가 다 가도록 해적선은 선단에서 낙오한 배를 나포하려고 근처에 잠복해 있었다. 하지만 발로 선장은 결연한 각오로 해적선과 계속해서 맞서 나갔다. 결국 패배를 인정한 해적선은 돛을 올리고 사라져버렸다. 발로 선장은 그 전투는 "동인도회사의 이익을 위해 완수한 훌륭한 임무"였다고 결론내렸다.

한참이 지난 후에야 발로 선장은 그날 자신이 맞섰던 상대가 유명한 해적 윌리엄 키드였다는 사실을 알았다. 캡틴 키드라는 별명으로 불리는 윌리엄 키드는 스코틀랜드에서 엄격한 칼뱅 파 목사의 아들로 태어났지만 성격이 포악했으며, 원래는 사략선 선장으로 활동했다. 그는 1691년 뉴욕에서 어느 부유한 미망인과 결혼해 한동안 안정된 생활을 하는가 싶더니 또다시 활동을 재개했다. 유력한 영국 정치인의 후원을 받았던 동시에 윌리엄 3세의 공인도 얻으면서, 당시 미국 동부에서 활동하던 해적들과 더불어 프랑스 선박에 대항하는 사략선을 운항하게 된 것이다. 그는 새롭게 출범한 자신의 사략선을 타고서, 당시에는 해적들이 들끓는 악명 높은 항구였던 뉴욕으로 되돌아와 사략선에서 일할 선원들을 충원하려고 했다.

당시의 뉴욕 식민지 총독은 그들을 가리켜 "지독히도 가난하여 막대한 보물을 얻지 않으면 안될 절박한 자들"로 묘사했다. 그리고 그 예언은 적중했다. 윌리엄 키드는 해적을 체포하러 가던 도중에 스스로 해적이 되어 홍해에 나타나서는 순례선단을 노리게 된 것이다. 그는 자신의 충직한 부하들에게 이렇게 말했다. "이보게들! 아무래도 나는 순례선단을 털어 벼락부자가 되어야겠네!"

윌리엄 키드의 계획은 에드워드 발로에 의해 보기 좋게 무산되고 말았다. 발로 선장은 그로부터 26일 후에 자신의 호송선단을 이끌고 무사히 수라트에 도착했다. 그때까지 수라트의 영국 동인도회사 대리상들은 순례선단이 무사히 도착하기를 그야말로 애타는 심정으로 기다렸는데, 왜냐하면 "만약 순례를 떠났던 이슬람 교도들 가운데 한 명이라도 돌아오지 않는 자가 있다면" 또다시 감옥에 갇힐 각오를 해야 했기 때문이었다. 순례선단의 무사귀환으로 크게 안도한 대리상들은 저녁에 해변에서 개최된 경축행사에 발로 선장을 초대했다. 그 행사장에는 두 척의 다른 인도무역선 선장들도 자리를 함께했다. 그날의 축제에 대해 발로 선장은 다음과 같이 기록하고 있다. "그날 저녁, 우리는 모두 합쳐 7명의 영국인 동포 남녀들과 함께 춤을 추며 매우 즐거운 시간을 보냈다."

셉터 호는 해적단속과 호송임무를 뒤로 하고 본업인 화물운반을 재개했다. 발로는 셉터 호를 이끌고 인도 서해안을 따라 남쪽으로 항해하며 봄베이 섬으로 향했다. 봄베이 섬은 1661년에 영국의 찰스 2세에게 양도되었으나, 찰스 2세는 다시 그 섬을 영국 동인도회사에 넘겨주었다. 발로는 그 봄베이 섬에서 정식으로 선장에 임명되었다. "봄베이 지사는 나를 셉터 호 선장으로 발표하면서 매우 기뻐했다"라고 발로는 썼다. 하지만 그보다는 발로 자신이 더욱 기뻐했을 것은 틀림없다.

"나는 그들 중 가장 결백하다."

셉터 호의 항해는 계속되었다. 발로는 인도 서남부 말라바르 해안으로 가서 266t의 후추를 실었다. 그런데 당시 셉터 호와 같은 인도무역선들이 운반하던 물품들은 본국인 영국으로 선적되었을 뿐만 아니라, 더러는 지역적으로 거래되기도 했다. 그리하여 셉터 호가 선적한 후추 역시 수라트에서, 페르시아로부터 도착한 동인도회사의 다른 배에 옮겨져 영국으로 향했다.

셉터 호가 여러 항구들을 항해하면서 선원들의 선상생활이 예전보다 나아졌을지도 모른다. 그러나 발로 선장은 평범한 뱃사람의 처지란 역시 고달플

수밖에 없다는 사실을 오랜 경험을 통해 잘 알고 있었다. 그는 바다에서 보낸 수십 년 동안에 작성한 항해일지에서 선상생활의 갖은 애로사항에 대해 다음과 같이 상세히 기록하고 있다ㅡ평범한 뱃사람들은 "노예들과 다를 바 없었다." 영국의 거지들도 일반적으로 "우리들이 먹는 것보다 더 나은 음식"을 먹었다. 우리는 말라비틀어진 비스킷에다가, 소금에 절인 쇠고기 혹은 돼지고기를 바닷물에 끓여서 익혀 먹었고, "식초만큼이나 시큼한" 포도주를 마셨다. 비위생적인 음식과 식수 때문에 끔찍한 '혈변', 즉 이질에 걸려서 죽는 이들이 항상 생기게 마련이었다. 발로는 뱃사람들로부터 주류, 담배, 옷 및 기타 생필품 값을 지나치게 비싸게 받는 경리관들에 대해 불만을 토로했다. 하급선원들의 임금은 형편없었으며, 동인도회사측은 그들이 소규모의 사무역을 통해 부수입을 올리려는 것조차 엄격히 금지시키고 있었다.

발로가 보기에 가장 부당한 것은 동인도회사가 지나치게 독단적인 운영을 하는 것이었다. 동인도회사는 화물이 파손되거나 분실되었을 경우, 그것이 비록 선원의 과실에 의한 것이 아니라 할지라도 선원에게 책임을 물어 임금을 삭감했다. 그리고 규율을 어긴 선원이 있으면 선장이 체벌을 하거나 해고시킬 수도 있었다. 선장이 되기 훨씬 이전인 1675년에 발로는 다음과 같이 기록했다. "나는 몇 번이고 사무역

해적선 선장으로 눈부신 '활약'을 보인 윌리엄 키드(위)는 마다가스카르에서 인도에 이르는 드넓은 지역을 무대로 하여 배와 항구들을 상대로 약탈을 일삼다가 1699년에 체포되어 사형선고를 받았다. 당시 키드는 의회에 탄원서를 보내어, 사면을 받게 해주면 숨겨둔 보물 10만 파운드어치를 헌납할 것을 약속했으나, 영국정부는 수락하지 않고 사형을 집행한 후, 그 시체에 쇠사슬과 철제 띠를 둘러 템스 강변의 교수대에 매달아놓았다(오른쪽). 물론 그것은 썩어가는 키드의 시체를 통해 해적이 되려는 자들에게 '공포심'을 불러일으키기 위한 조치였다.

을 할 수 있었으면 하고 생각했다. 그렇게만 할 수 있었다면 선상생활이 싫증났을 때에 육지에서 생계를 꾸려갈 수 있었을 것이다."

셉터 호가 해안의 항구를 따라 계속 운항하면서 발로 선장은 해적 키드에 대해 보다 많은 소문을 들을 수 있었다. 소문에 따르면 키드는 왕실의 위임을 받은 사략선으로 위장하고 여러 항구에 입항해 대담하게도 나무와 물을 재보급하라고 요구했다는 것이다. 게다가 그들은 영국국기를 단 조그만 상선을 억류했으며, 그들을 잡기 위해 파견된 포르투갈 군함 한 척을 무력화시키고, 래카다이브 제도의 주민들을 겁탈하기까지 했다는 것이었다. 하지만 키드가 생애 최대의 결정적인 성과를 거두고 있을 때 발로 선장은 이미 인도를 떠난 상태였다.

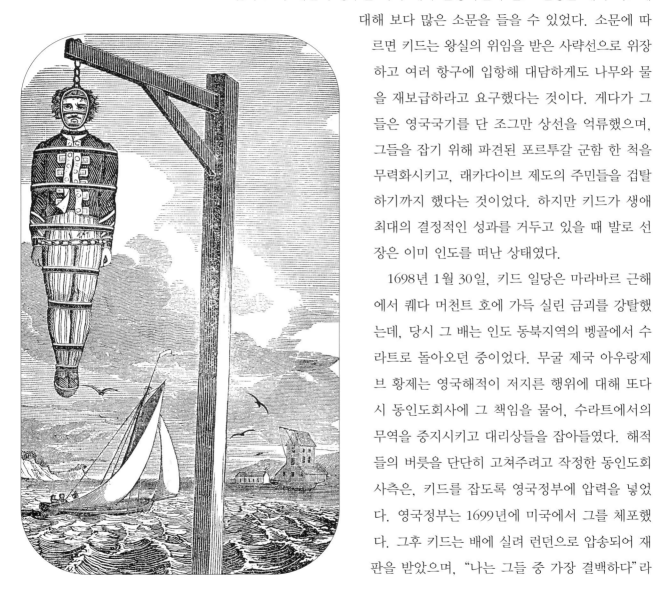

1698년 1월 30일, 키드 일당은 마라바르 근해에서 퀘다 머천트 호에 가득 실린 금괴를 강탈했는데, 당시 그 배는 인도 동북지역의 벵골에서 수라트로 돌아오던 중이었다. 무굴 제국 아우랑제브 황제는 영국해적이 저지른 행위에 대해 또다시 동인도회사에 그 책임을 물어, 수라트에서의 무역을 중지시키고 대리상들을 잡아들였다. 해적들의 버릇을 단단히 고쳐주려고 작정한 동인도회사측은, 키드를 잡도록 영국정부에 압력을 넣었다. 영국정부는 1699년에 미국에서 그를 체포했다. 그후 키드는 배에 실려 런던으로 압송되어 재판을 받았으며, "나는 그들 중 가장 결백하다"라는 키드의 항변도 아무 소용 없이 결국 그는 교수형에 처해지고 말았다.

　해적 키드가 쫓기고 있던 동안, 발로 선장은 1698년 셉터 호를 타고 영국으로 무사히 귀환했다. 그때 그가 영국으로 싣고 온 화물 속에는 약종상들이 애용하던 일종의 고무수지인 유향, 붉은 봉랍에 이용된 '막대주형', 커피 43자루 등이 있었다. 발로 선장은 커피를 '코코 씨앗'이라 불렀으며, "코코 씨앗이 커피점에서 사람들이 즐겨 마시는 바로 그 커피이다"라고 썼다. 발로는 다음 항해에서도 자신이 선장으로 다시 고용되리라 확신했으며, "내가 셉터 호를 타지 않았다면 선주들이 훨씬 더 큰 대가를 치렀을 것이고, 동인도회사 측의 수라트에서의 상황도 더욱 나빠졌을 것이라는 점을 그들도 매우 잘 알고 있었기 때문이다"라고 그는 썼다. 그러나 발로의 기대와는 달리 동인도회사에 셉터 호를 임대해준 선주들은 다른 사람을 선장으로 임명했다. 발로는 선장자리를 살 만한 돈만 있었다면, 자신이 셉터 호의 선장이 되었을 것이라 굳게 믿고 있었다.

　발로는 자신이 새로 임명된 선장보다 훨씬 유능하다고 생각했기 때문에 선장에서 다시 일등항해사로 강등되는 대신에 급료를 인상해주겠다는 회사측의 제안을 거절했는데, 이는 결과적으로 현명한 선택이었다. 새 선장의 미숙함으로 말미암아 셉터 호는 브리스틀 해협에서 난파되었으며, 그와 동시에 동인도회사의 화물도 물속으로 가라앉아버렸던 것이다. 이 사건에 대해 발로는 "어리석은 선택이 가져올 수밖에 없는 당연한 결과였다"라고 주장했다.

　발로는 그후로도 두 차례 더 일등항해사로서 일했으나, 두 번째가 그의 마지막 항해였다. 1703년, 세인트헬레나 섬에서 명령불복종을 이유로 선장에게 해고당한 그는 가까스로 영국행 군함을 얻어탈 수 있었다. 하지만 평생을 바다에서 보내다가 귀환길에 오른 그는 이미 승무원이 아니라 일개 승객에 불과했다.

18세기에 접어들면서 영국과 프랑스 간의 무역갈등은 심화되었으며, 그것은 1707년 무굴 제국의 마지막 황제인 아우랑제브의 죽음과 더불어 시작된 무굴 제국의 쇠퇴기 동안 더욱 고조되었다. 프랑스는 인도에 몇몇 상관들을 설치한 데 이어, 1720년에서 1740년 사이에 인도에서의 무역규모를 10배나 증가시켰다. 아울러 유럽에서의 충돌이 인도로까지 비화되자, 애초에 영국과 프랑스 간의 상업적 경쟁으로 시작된 갈등이 목숨을 건 전쟁으로 돌변했다. 1745년에 선제공격을 감행한 것은 영국이었다. 영국이 먼저 프랑스의 무역선들에 대한 공격을 개시하자, 프랑스 해군은 인도 동남해안에 있는 마드라스의 번창한 영국상관인 포트 세인트 조지를 점령하여 영국에 보복했다.

1747년 11월, 영국정부는 동인도회사의 감동적인 호소에 대한 응답으로 에드워드 보스카웬 제독이 이끄는 24척의 전함으로 구성된 전대(戰隊)를 800명의 수병 및 1,200명의 육군과 더불어 인도에 파병했다. 이 원정대에는 아일랜드와 스코틀랜드 출신의 전사들도 참가했으며, 그들이 인도로 향한 동기는 다양했다. 상당수는 모험을 위해 자원했으며, 더러는 세속적인 굴레에서 벗어나기 위해 참전하기도 했다. 바다는 여전히 위험과 역경이 도사린 곳이었지만, 연금지급 약속, 따뜻한 식사 및 정기적인 급료 보장은 가난한 자들에게 강력한 유인책이 되었던 것이다. 아마도 그들 중 일부는 일단 인도로 가는 무임승선권을 얻은 다음, 인도에 도착하자마자 도망쳐 새 삶을 찾기 위해 지원한 자들도 있었을 것이다. 그리고 일부는 밀수꾼이나 빚쟁이들로서, 참전을 조건으로 사면을 받기도 했다. 드물게는 강제로 징병된 경우도 있었는데, 그 당시의 법에 따르면 정부의 수병 강제 징병대는 상선이나 사략선에서 건장한 선원들을 뽑아오거나, 선술집에서 건장한 사내들을 데려올 수도 있었다. 그러나 뭐니뭐니해도 제임스 그레이가 수병이 된 사연이 그중에서 가장 기막힌 것이었다. 그녀는 집 나간 남편을 찾으러 다니다가 해군에 입대했던 것이다.

집 나간 남편은 네덜란드 출신의 뱃사람 제임스 섬스였으며, 그의 아내는 우스터의 한나 스넬이라는 젊은 여성으로서, 제임스는 임신 7개월이 된 아내를 버렸다. 한나 스넬은 홀로 아이를 낳았다. 그러나 그 아이마저 태어난 지 얼마 지나지 않아서 죽어버리자, 슬픔에 잠긴 한나 스넬은 남편 섬스를 찾아 나서기로 마음먹었다. 남편을 찾기 위해서는 뱃사람이 갈 만한 곳이라면 마음대로 갈 수 있어야 했다. 그리하여 남장을 하고 이름도 제임스 그레이로 바꾼 22세의 한나 스넬은 1745년 11월, 영국을 떠나 머나먼 미지의 여행길에 올랐다.

한나 스넬도 애초에는 영국을 돌아다니며 남편의 흔적을 찾았으나 허사였다. 그러다가 놀랍게도 그녀는 육군에 입대를 한다. 한나 스넬이 육군에 입대한 것은 아마도 다른 사람들처럼 금전적인 이유 때문이었는지도 모른다. 그도 아니라면 그녀의 집안내력 때문일 수도 있겠다. 왜냐하면, 그녀의 할아버지는 프랑스에서 쌓은 전공(戰功)으로 장교로 임관되었으며, 그녀의 형제 여덟 명도 한 명을 제외하고는 모두 군에서 복무를 했거나, 육군 혹은 수병과 혼인을 했기 때문이다. 하지만 한나 스넬의 육군 복무는 그녀가 여성임을 알고 있었던 어느 신병이 그녀가 속한 연대로 전입함으로써 갑작스레 끝나게 된다. 사실이 발각될 것을 두려워한 그녀는 탈영한 후 영국해군에 입대한다. 그리고 입대 후 얼마 지나지 않아 그녀는 보스카웬 제독이 이끄는 원정대의 일원이 되어 포함 스월로 호에 승선하여 인도로 향했던 것이다.

원정대의 일원이 된 한나 스넬은 리스본 근해에서 생사의 기로에 직면했다. 성난 바다는 스월로 호를 위아래로 요동치게 만들었으며, 그 힘이 어찌나 엄청났던지 큰 돛대가 휘어지고, 돛이나 로프 따위는 찢어지고 떨어져나갔다. 스넬과 다른 수병들은 하갑판에 서서 넘어지지 않으려 애쓰면서 펌프의 나무 손잡이를 위아래로 분당 40회씩 움직이며 파손된 선창에서 서둘러 바닷물을 퍼올렸다. 그것은 무척 고된 일이었으나, 영국 수병 제임스 그레이

수병 두 명이 영국해군 소속 군함의 뒷갑판을 거닐고 있다. 뒷갑판의 오른쪽은 장교들을 위한 공간이자, 염소들을 위한 공간이기도 했다. 그림에서는 염소 한 마리가 닭장 옆에 누워 있는 것이 보인다. 영국해군은 기나긴 항해 중에 지겹도록 먹을 수밖에 없는 보존처리된 고기 통조림 대용으로 살아 있는 가축들을 배에 싣기도 했으며, 수병들은 염소, 돼지, 닭, 양 등을 직접 가지고 배에 오르는 경우도 있었다.

57

로서의 생활이란 이 같은 시련의 연속임을 스넬은 빠르게 깨달아가고 있었다.

심지어 바다가 고요한 날조차도 스넬과 그의 동료들은 네 시간마다 보초를 서야 했으므로 그 이상 오랜 휴식시간을 가질 수는 없었다. 또한 그녀는 장교식당 보조 취사병으로서 한시도 취사, 세탁 및 옷 수선을 소홀히 해서는 안 되었다. 수병이란 항상 피곤하며, 군복은 늘 젖어 있었기 때문이다. 그러나 한나 스넬이 겪게 될 최대의 시련은 인도에서 그녀를 기다리고 있었다.

보스카웬 제독이 이끄는 원정대는 1748년 2월에 아프리카의 희망봉에 도착해 그곳에서 실전훈련을 한 후, 넉 달 후에는 다시 항해를 시작해 8월에는 인도 동남해안 지방에 마지막으로 남아 있던 영국의 무역중심지 포트 세인트 데이비드에 도착한다. 벵골 만이 내려다보이는 포트 세인트 데이비드는 언덕 위에 높이 자리잡은 작은 요새였다. 프랑스는 지난 19개월 동안 세 차례나 이 요새를 점령하려 시도했지만 모두 허사였다. 하지만 그때까지도 인도 동남지역 카르나타카의 나와브가 자신의 아들 무하마드 알리가 이끄는 군대를 보내 영국을 도운 것은 프랑스의 1차 공격 때 단 한 번뿐이었다.

포트 세인트 데이비드 요새 외곽지역에는 부유한 동인도회사 직원들의 주택이 있었으며, 그 주택들의 정원에는 파인애플, 석류 따위의 과수들이 가득 심어져 있었다. 남쪽으로 약 1.6km를 가면 쿠달로르라는 연맹도시가 있었는데, 그 도

이 그림은 남장한 모습으로 군에 입대한 한나 스넬의 초상화로서, 그녀가 영국으로 귀환한 후에 그린 것이다. 1750년에 씌어진 그녀의 전기 〈여성전사(The Female Soldier)〉에도 이와 유사한 그림이 실려 있다.

1748년 영국군에 포위된 프랑스 군이 퐁디셰리의 요새를 방어하고 있다. 이 전투에서 스넬은 양다리와 사타구니에 부상을 입었다. 1750년 7월자 〈젠틀맨 매거진〉은 그녀의 무공과 남장에 대해 다음과 같이 비꼬며 추켜세웠다.

"남장의 한나는 무척 처신을 잘했다. 아무도 그녀가 여자라는 사실을 알아차릴 수 없었으며, 그녀의 눈속임도 잘 먹혀들었다. 남자들은 인정하기 싫겠지만, 그녀가 은밀한 부위에 부상당한 것으로 새삼스레 입증된 사실 하나는, 비밀을 지키는 데는 여자들이 적격이라는 점이다."

시는 해안을 따라 약 5km에 걸쳐 있는 완전한 정착촌이었다. 그곳에서 모래언덕과 관목 숲을 지나 북쪽으로 약 13km를 가면 성벽으로 둘러싸인 프랑스 도시인 퐁디셰리가 있었다.

영국 원정대의 주요목표는 퐁디셰리였다. 8월 8일, 스넬과 그녀의 동료들은 퐁디셰리를 차지하기 위해 출전했다. 포위 공격전 경험이 없었던 보스카웬은 그의 군대를 돌려, 퐁디셰리 남쪽의 어느 작은 요새를 장기적으로 포위하도록 했다. 스넬은 교전에서 용감하게 싸움으로써 장교들로부터 칭찬을 들었으나, 영국측은 11일을 허비하고 나서야 그곳을 점령할 수 있었다.

하지만 보스카웬 제독은 퐁디셰리를 서북쪽의 습지에서부터 포위하는 실수를 저지르고 말았다. 병사들이 참호를 파는 즉시 참호에는 물이 가득 스며들었으며, 습지여서 성벽 부근에 중포의 포상(砲床)을 설치할 수 없었다. 결국 해안에서 영국포함이 함포사격을 가했으나, 사정거리에서 한참 떨어지는 바람에 퐁디셰리에는 미치지 못했다. 한편 프랑스는 병력이 영국의 절반 정도에 불과했으므로 튼튼한 성벽 안에서 계속 저항했다.

우기의 폭우에 직면한 영국진영은 두 달 후에 포위를 풀었는데, 그때는 이미 1,000명이 넘는 병사들이 전사한 후였다. 그때까지도 퐁디셰리를 포위하고 있던 병사들은 발길을 돌려, 비에 진흙창이 된 길을 터덕터덕 걷고 물이 불어나 위험한 강을 건너서, 포트 세인트 데이비드로 향했다. 하지만 참으로 허탈한 것은, 아무도 그 사실을 모르긴 했으나 멀리 유럽에서는 엑스라샤펠(아헨)에 모인 협상가들이 퐁디셰리에 대한 공격이 개시되기도 전에 인도에서의 양국의 적대관계를 종식시키기로 합의하고 있었다는 점이다.

영국 부상병들과 병에 걸린 병사들은 퐁디셰리에서 배편을 통해 쿠달로르의 한 병원으로 후송되었다. 그들 중에는 한나 스넬도 있었다. 그녀는 허리까지 차오른 참호의 물을 헤쳐나가면서도 머스킷 총으로 37발을 발사한 후에 적들의 총탄에 쓰러졌다. 영국의사들은 그녀의 양다리에 박힌 총알을 제거했으나, 그녀는 차마 사타구니 쪽에도 총알이 박혀 있다고 말할 엄두는 내지 못했다. 한나 스넬은 극심한 고통 속에 누워 있으면서도 자신이 여자라는 사실은 목숨을 걸고 숨겼다. 하지만 총상의 통증은 혹독했다. 결국 그녀는 어느 인도 여자간호사의 도움을 받아 스스로 총알을 빼내기로 마음먹었다. 그 간호사는 스넬에게 상처를 처맬 수 있는 연고와 면포를 가져다주었다.

상처가 서서히 아물어 이윽고 스넬이 몸을 추스를 수 있게 되었다. 하지만 그때 스월로 호는 이미 출발한 뒤여서, 그녀는 엘섬 호 근무를 명받았다. 엘섬 호 함장은 마데이라 섬에서 사략선 선원들을 강제로 수병으로 차출했다.

그때 스넬은 "그들은 사랑하는 사람들과 억지로 헤어지게 되었으므로 가장 큰 고통을 겪었다"라고 생각했다. 해군이 되어 항해한다는 것은 당초 예정보다 복무기간이 더욱 길어져 훨씬 긴 시간을 가족과 떨어져 있어야 함을 의미했다. 스넬은 자신의 남편과는 완전히 딴판이었던 그들의 가족사랑에 감명받았다. 그녀는 장교식당 취사병이라는 보직을 이용해 그들에게 몰래 술을 가져다주는 것으로 그들의 시름을 달래주었다.

엘섬 호가 리스본에 기항하자 스넬은 배를 떠나 뭍으로 올랐다. 그때 어느 선술집에서 포도주를 마시던 그녀는 네덜란드 배를 타는 수다스런 영국인 한 사람을 만났다. 그는 제노바에서 얼마 전에 돌아왔으며, 그곳에서 제임스 섬스라는 이름의 네덜란드 인이 현지인을 한 명 찔러 죽인 혐의로 처형되는 것을 보았다고 스넬에게 말했다. 그의 말에 따르면, 자신은 섬스가 처형되기 전에 그를 만난 적이 있는데, 그때 섬스는 평소 아내에게 잘해주지 못한 것을 몹시 후회하더라는 것이다. 충격을 받은 스넬은 배로 되돌아왔다.

남편찾기와 군복무를 마친 스넬은 1750년 6월에 런던으로 되돌아오면서 그동안의 급료를 챙겼으며, 군에서 지급받은 두 벌의 군복은 즉시 팔아버렸다. 그리고는 한 무리의 엘섬 호 수병들과 함께 이별주를 마시러 갔다. 그 자리에서 그녀는 훗날 엘섬 호 수병들이 자신의 모험담을 증명해줄 것이라 생각하고 비로소 진실을 털어놓았다. 그녀의 말을 들은 수병 동료들은 한동안 충격에서 벗어나지 못하더니 이윽고 그녀의 용기에 찬사를 보냈다. 그중 한 명은 심지어 그녀에게 청혼까지 했으나, 스넬은 끝내 이를 받아들이지 않았다. 한나 스넬의 전기작가에 따르면, 그녀는 "그 어떤 남자와도 절대 결혼하지 않기로" 마음먹었다고 한다.

하지만 실제는 결심과 달랐다. 한나 스넬은 그후 두 차례나 더 결혼을 했다. 그리고 재혼을 하기 훨씬 이전부터 그녀의 놀랍고 특이한 모험담은 이미 여러 책자를 통해 널리 소개되었으며, 때로는 그녀 자신이 직접 군복을 입고

COUNT ROUPEE. _Vide Hyde Park._

무대에 올라 직접 군복무 시절의 모습을 연출해 보이기도 했다. 그럼 그후의 한나 스넬은 어떻게 살았을까? 그후 스넬은 런던에 '여전사(the Female Warrior)'라는 선술집을 열었으며, 그 술집은 연일 문전성시를 이루었다고 한다.

한나 스넬과 함께 퐁디셰리 전투에 참가했던 동료들 모두가 보스카웬의 원정대를 따라서 인도에 온 것은 아니었다. 그들 중 상당수는 동인도회사 상관에서 일하기 위해 인도에 온 자들이었다. 개중에는 자발적으로 온 사람들도 있었으나, 일부는 골칫거리 아들을 떼놓고 싶은 가족에 의해 억지로 떠밀려서 온 경우도 있었다. 인도에서 개과천선은 못한다고 해도, 적어도 말썽은 적게 부릴 것이라는 것이 그들 가족의 생각이었다. 그런데 사실 이러한 젊은이들의 상당수가 성공을 거두었다. 18세기 들어 무굴 황제의 영향력 축소, 일부 인도 지역통치자들 간의 영향력 확보를 위한 지역분쟁, 영국과 프랑스

나바브(인도에서 부자가 된 동인도회사 직원을 말함)를 풍자한 18세기의 그림으로서, '루피(무굴 제국에서 통용된 화폐 단위) 백작'이라는 나바브가 런던의 하이드 파크에서 말을 타고 질주하는 모습을 그리고 있다. 전형적인 나바브는 호사스러운 저택에서 살았으며, 탈것도 화려하게 꾸몄고, 돈으로 작위를 샀으며, 의회에 진출하기도 했다. 하지만 실제 이와 같은 설명과 일치하는 나바브는 수십 명에 불과했으나, 일부 나바브의 볼썽사나운 행태로 말미암아 일반적으로 영국인들은 그들 모두를 싸잡아 경멸했다.

간의 우위확보를 위한 전쟁 등으로 말미암아 출세를 꿈꾸는 자들에게는 더할 나위 없이 좋은 기회들이 생겨났다. 그리고 일단 기회를 잡은 자들은 이전에는 결코 상상조차 할 수 없었던 수준의 부와 권세를 누리게 되었으며, 그들은 '나바브'라는 독특한 인도식 호칭을 얻었다.

로버트 클라이브의 아버지는 슈롭셔 지방의 대지주이자 법률가였으며, 장남이었던 로버트는 어린 시절부터 말썽꾸러기여서 그의 삼촌은 그를 가리켜 싸움질에 "심하게 중독"되었다고 할 정도였다. 보다 성장한 클라이브는 심지어 젊은이들의 패거리를 만들어 상점주인들로부터 돈을 뜯어내기도 했으며, 만일 그들이 돈을 내놓지 않으면 상점유리를 박살내며 행패를 부렸다. 아버지는 클라이브가 14세 때에 잉글랜드 동남부의 자치도시 헤멜 헴스테드에 있는 한 학교에 아들을 보내 글 쓰는 법과 셈하는 법을 익히도록 했다. 그러한 기능은 장차 동인도회사에 취직하기 위해 인도행 배에 오를 사람에게는 매우 유용한 것들이었기 때문이다.

1744년 여름, 마침내 청년 클라이브를 태운 배가 인도 땅 마드라스에 닻을 내렸고, 그와 동시에 클라이브는 동인도회사의 서기로 근무를 시작했다. 18세의 클라이브는 모래사장 맞은편의 영국 동인도회사 상관인 포트 세인트 조지의 성벽과, 성벽 위로 솟아난 지붕 및 교회의 첨탑들을 볼 수 있었다. 뜨거운 6월의 태양 아래에서 클라이브의 눈에 보이는 모든 것들은 마치 잘 닦은 대리석처럼 흰색으로 빛났는데, 그것은 성벽을 덮고 있던 태운 조가비 양회 때문에 나타난 현상이었다.

요새의 오른쪽, 즉 북쪽으로 고개를 돌리면 습지 너머로 비좁고 복잡한 거리와 블랙 타운(그 도시의 인도인 구역을 영국인들은 그렇게 불렀다)에 속한 떠들썩한 시장이 눈에 들어왔다. 그곳에는 인도인, 아르메니아 인 및 기타 비 유럽인들이 거주하며 장사를 했으며, 향내와 재스민 및 무르익은 과일 향이, 향신료가 들어간 음식냄새와 취사용 연료로 이용된 똥 태우는 냄새와 섞여 고

약한 냄새를 풍겼다.

대부분의 영국인들은 포트 세인트 조지 내에, 혹은 그 남쪽에 거주했다. 가장 부유한 상인들은 더 내륙 쪽, 즉 서쪽에 고전적인 양식의 주말별장을 지어놓고 있었다. 서쪽에는 해변의 모래 대신에, 논, 관개 저수지 및 사원마을들이 자리잡고 있었다. 그리고 그러한 풍경 속에는 늘 높이 솟은 야자수와 벵골 고무나무가 더해졌으며, 벵골 고무나무는 "가지가 땅을 향해 구부러져 뿌리를 박은 후 새로이 솟아 나와서 수많은 아치를 형성함으로써" 구경꾼들의 감탄을 자아냈다.

"운명이 어떤 목적을 위해 나를 살려두는 것이 틀림없다."

하지만 이렇듯 경이로운 풍경도 지루하고 따분한 동인도회사 말단직원 신분의 클라이브의 눈에는 잘 들어오지 않았다. 그는 직물 보따리들을 기록해 두고 송장을 베껴쓰는 단조로운 업무 때문에 몇 차례 심한 우울증이 발병했으며, 이때 발병한 우울증은 평생을 두고 클라이브를 괴롭혔다. 사실 인도생활을 시작한 지 처음 몇 년 동안에 그는 두 차례나 자살을 기도했으나, 총이 불발되는 바람에 미수에 그쳤다. "운명이 어떤 목적을 위해 나를 살려두는 것이 틀림없는 것 같다"라고 그는 말했다.

그것은 사실이었다. 1746년, 영국과 프랑스 간의 갈등이 폭발해 프랑스가 마드라스를 점령하자, 클라이브가 말한 '운명의 목적'이 무엇을 의미하는지가 분명해지기 시작했다. 클라이브는 인도인으로 변장하여 프랑스 점령하의 마드라스를 도망쳐나온 다음, 남쪽의 포트 세인트 데이비드로 가서 요새방어를 도왔다. 그때 클라이브는 "군인의 자질을 충분히 갖춘" 것으로 평가되어 최말단의 초급장교인 소위로 임관되었다. 이후 그는 1748년, 퐁디셰리 포위

공격 중에 프랑스 측의 격렬한 반격에 맞서 진지를 사수하면서 군인으로서 두각을 나타내기 시작했다.

영국이 마드라스를 되찾은 것은 엑스라샤펠 조약의 결과 때문이었다. 클라이브는 다시 식량담당 병참장교로 임명되었다. 그 자리는 수완에 따라서 많은 돈을 벌 수 있는 자리였을 뿐만 아니라, 클라이브는 병참장교로 근무함으로써 더없이 소중한 경영관리와 병참업무 경험을 쌓을 수 있었다. 그는 상인들로부터 식료품을 구매하고, 대포 및 군수품 등을 운반할 황소·낙타·코끼리 등을 찾으러 다니면서, 장차 요긴하게 쓰일 인도인들을 다루는 기술과 그들의 신뢰를 얻는 법을 하나하나 배워나갔다.

엑스라샤펠 조약에도 불구하고 영국과 프랑스는 새로운 형태의 전쟁을 시작했다. 그것은 두 나라 간의 치열한 상업경쟁이 빚어낸 총성 없는 전쟁이었다. 무굴 황제의 권위가 쇠락해감에 따라, 영국과 프랑스의 동인도회사들은 지역문제들에 점점 더 깊숙이 개입해 보다 안정된 무역을 보장받으려 했다. 하지만 두 나라는 각자의 이해관계에 따라 각기 다른 사람이 후임 무굴 황제가 되기를 바랐으며, 그 때문에 양국은 각종 무기, 세포이 및 유럽 출신의 병사들을 동원해 각각 자국이 지지하는 왕위 계승권자를 지원했다.

1751년 7월, 갓 대위로 진급한 클라이브는 소규모 원정 보급부대를 이끌고 마드라스에서 서남쪽으로 약 320km 떨어진 티루치치라팔리로 향했다. 거대한 암벽요새인 티루치치라팔리는 한때 영국이 포트 세인트 데이비드를 수성하는 데 커다란 도움을 주었으며, 무하마드 알리의 최후의 보루이기도 했다. 해안에 위치한 마드라스, 쿠달로르 및 퐁디셰리 시를 아우르는 카르나타카 토후국의 왕위계승을 둘러싼 분쟁에서 영국은 알리를 지원하기로 결정했다. 알리의 아버지는 카르나타카의 나와브로 있다가, 프랑스 측이 지원했던 찬다 사히브의 군대에 살해당했다. 그때 프랑스의 지원을 받았던 군대가 당시 티루치치라팔리를 포위하고 있던 바로 그 군대였다.

| 나바브의 경이로운 수집품들 |

영국 동인도회사의 야심 찬 직원이라면 인도에서 근무하는 동안 부와 권력뿐만 아니라, 호사스럽고 귀중한 공예품들도 획득할 수 있었다. 그리하여 영국으로 되돌아온 나바브들은, 소유자의 부를 나타내주고, 인도에 한 번도 가보지 못한 사람들에게는 아대륙 인도에서의 삶을 일깨워주는 값비싼 물건들을 자랑스레 보여주었다. 그중에서도 로버트 클라이브가 수집한 물품들은 아마도 가장 훌륭한 소장품들에 속할 것이다.

부의 과시와 환대의 표시로서 타인에게 선물을 하는 것은 인도문화에 뿌리박힌 오랜 전통이었다. 그런데 클라이브는 군사와 외교활동을 하며 지속적으로 인도의 군주들과 접촉했으므로, 아마도 그의 수집품 중 일부는 두르바르라고 불린 왕의 알현식에서 선물받은 것도 있을 것이다. 왜냐하면 클라이브가 소유한 것들과 같은 화려한 장식의 보석이 박힌 단도들은 두르바르의 하사품으로 제공되는 경우도 있었기 때문이다. 그리고 그러한 무기류들은 주로 의식용으로서, 허리춤의 장식 띠에 착용했다.

클라이브가 인도에 머물던 시절의 영국인들은 가정에서 종종 인도식 풍습을 흉내내는 경우도 있었다. 그러므로 모르긴 해도 클라이브 역시 손님을 접대할 때는 인도풍습에 따라 소화를 돕는 구장(蒟醬, 인도산 후추과의 상록 관목) 잎을 씹거나, 은제 두르바르 세트(오른쪽 아래)를 이용하기도 했을 것이다. 나무열매와 향신료를 섞어 구장 잎으로 싼 씹을 거리는 약간의 중독성이 있었으며, 쟁반 위에 놓인 화려한 갑에 담았다. 하인들은 오른쪽의 두르바르 세트 중에서 목이 긴 용기를 이용해 손님들에게 향기로운 장미향수를 뿌려주었으며, 이 장미향수는 두르바르 세트의 자그마한 향수대에도 담겨 있었다. 그리고 일단 주인이 손님들에게 구장 잎을 씹을 것을 권하기 시작하면, 그것은 접대시간이 거의 끝나 곧 손님들이 돌아가야 할 때가 되었음을 의미한다고 어느 영국인은 기록하고 있다.

두르바르 세트의 경우와 마찬가지로, 클라이브는 아마도 후카(흡연에 이용된 수연통(水煙筒)) 및 아름답게 수놓여진 후카 장식품들을 개인적 용도로 수집했을 것이다.

은과 금박으로 만들고 눈물방울 문양으로 장식한 빛나는 두르바르 세트(아래)와, 도금한 후 루비를 박아넣은 백옥 칼자루의 의식용 칼(위)은 로버트 클라이브가 인도에 머물던 동안에 모은 멋진 수집품들 중의 일부이다.

아래 사진의 보석과 에나멜로
장식된 후카와 후카의 대를
감쌌던 화려한 천은
클라이브의 것이었다.
왼쪽의 그림은 18세기에
활약했던 또 다른 영국인
윌리엄 풀러턴을 묘사하고 있다.
풀러턴은 의사이자 캘커타 시장
이었으며, 그는 이 그림에서
후카를 이용해 담배를 피우며
카펫 위에 비스듬히 누워 있다.
두르바르 세트가 카펫의
가장자리를 따라 놓여 있으며,
두 인도인들의 허리춤에는
단도 자루도 보인다.

초기에 유럽 인들은 후카를 이용한 흡연을 꺼렸으나, 클라이브가 활동할 당시에는 후카가 널리 보급되어서 심지어 '후카 부르다'로 불린 하인이 적어도 한 명은 고용되어 후카 관련 비품을 전담할 정도였다. 담배 값이 비쌌으므로, 흡연은 돈이 많이 허비되는 습관이었다. 그러나 영국인 변호사 윌리엄 히키가 단언하기를, 그 시절 일부 사람들은 "후카 없이 지내느니 차라리 저녁을 굶는 편을 택할 것"이라고 했다.

이밖에도 클라이브의 수집품 중에는 인도인들이 만든 유럽 식 가구도 있다. 18세기 말경 인도의 해안도시 비샤카파트남(캘커타와 마드라스 사이에 위치함)의 장인들은 상아상감을 하고 화장붙임을 한 아름다운 장식장과 책상 및 탁자 등을 제작해 유럽 인들의 취향에 맞추었다. 클라이브는 상아로 만든 체스 세트, 상아 색의 칠을 한 카드, 화려한 갑, 피륙, 파리채 등을 수집했다. 아울러 영국군의 영웅으로서

그가 방패, 칼, 단도, 화승총, 코끼리용 장신구 따위의 엄청난 전리품을 획득한 것은 어쩌면 당연했다.

클라이브는 수집한 보물을 잉글랜드 서리 주의 클레어몬트에 자리잡은 자신의 저택에다 보관했다. 그리고 훨씬 나중인 1798년, 클라이브의 아들 에드워드와 며느리 헨리에타 허버트가 인도로 건너간 이후에는 수집품의 목록이 더욱 늘어났는데, 그도 그럴 것이, 에드워드는 인도에서 마드라스 지사로 근무하면서 많은 진귀한 물품들을 수집했던 것이다. 그중에는 인도의 지배자 티푸 술탄이 소유했던 일부 물품들도 있었다.

해외에서 수집한 공예품을 소장하고 전시할 때 클라이브 가문은 영국적 전통에 따랐다. 그러나 모든 영국인들이 그러한 진귀한 물건들에 깊은 인상을 받은 것은 아니었다. 그들 중에는 집주인이 모은 인도 공예품을 보고 "마지못해 탄복"한 후에, "나바브의 수집품을 제발 보지 않게 해달라"고 간청한 자도 있었다.

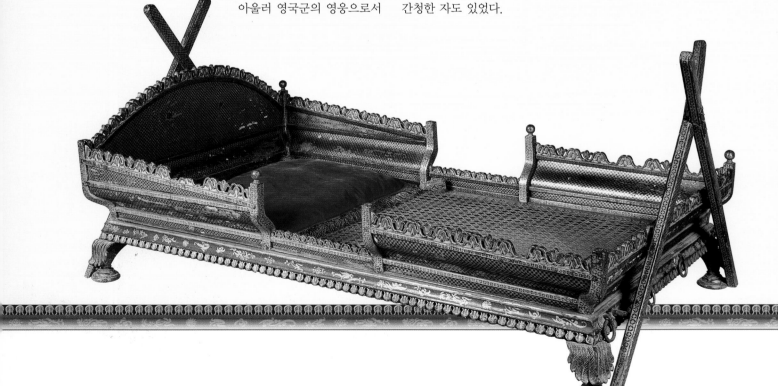

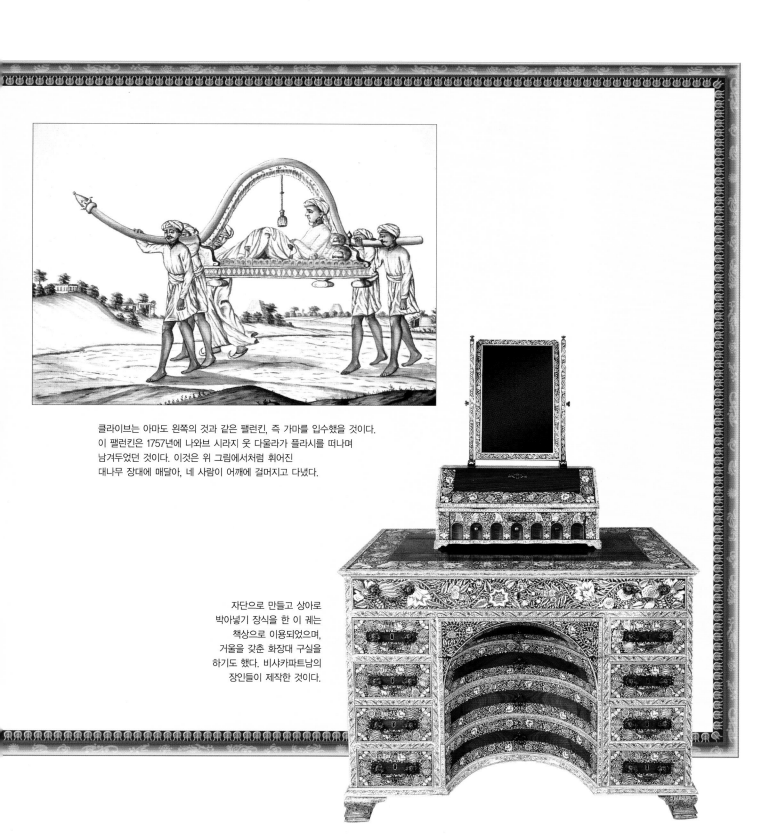

클라이브는 아마도 왼쪽의 것과 같은 팰런킨, 즉 가마를 입수했을 것이다.
이 팰런킨은 1757년에 나와브 시라지 웃 다울라가 플라시를 떠나며
남겨두었던 것이다. 이것은 위 그림에서처럼 휘어진
대나무 장대에 매달아, 네 사람이 어깨에 걸머지고 다녔다.

자단으로 만들고 상아로
박아넣기 장식을 한 이 궤는
책상으로 이용되었으며,
거울을 갖춘 화장대 구실을
하기도 했다. 비샤카파트남의
장인들이 제작한 것이다.

클라이브의 보급부대가 식량을 가지고 티루치치라팔리에 도착하자 무하마드 알리는 젊은 장교 클라이브에게 말하길, 찬다 사히브의 본거지인 아르코트를 기습공격하면 적을 분산시켜 티루치치라팔리에 대한 압박을 완화시킬 수 있을 것이라고 했다. 이윽고 클라이브가 마드라스로 되돌아왔을 무렵, 마드라스 지사는 이미 그 작전을 실행하기로 결정한 상태였다. 클라이브는 자신이 그 작전을 지휘할 수 있도록 해달라고 지사를 설득했다.

1751년 9월 6일, 한 무리의 부랑자처럼 보이는 전사들이 클라이브의 지휘하에 마드라스를 빠져나왔다. 이 300명의 세포이들은 원주민들이 평상복으로 입는 긴 셔츠만을 입은 채 다리를 드러내놓고 있었으며, 그들은 북소리에 맞추어 오렌지 색 흙먼지를 일으키며 행군했다. 무리들 중 200명 남짓한 유럽 출신 병사들은 비록 붉은 군복을 입고 있었다고는 하지만, 그들 역시 훈련부족과 규율 및 지도력 부재를 숨기지는 못했다. 사실 그들 대부분은 고국 영국에서는 형편 없이 지내다가 인도로 오게 된 불량배나 사회 부적응자들이었다. 아울러 그들을 지휘한 8명의 장교들 가운데 반수가 전직 동인도회사의 민간인 직원이었다.

클라이브는 이 오합지졸의 군대를 놀라울 만큼 탁월한 지도력으로 확실히 규율을 잡아나갔다. 행군의 목적지인 아르코트는 마드라스에서 내륙 쪽으로 약 100km 가량 떨어져 있었다. 클라이브의 병사들은 찌는 듯한 더위와 땅을 진창

오른쪽 그림은 1774년경에 그려진 것으로 추정되는 카르나타카의 나와브 무하마드 알리의 초상화로서, 이 그림에서 그는 보석과 금으로 치장된 가운을 걸치고 긴 칼을 짚고 선 자세를 취하고 있다. 이때로부터 대략 25년 전에, 그와 그를 따르던 소규모 수비대는 남부 카르나타카의 암벽요새 티루치치라팔리(아래)에서 카르나타카의 나와브 자리를 두고 프랑스의 지원을 받으며 그와 경쟁했던 찬다 사히브의 우세한 군대에 맞서 끈질기게 저항했다.

으로 바꾸어버린 성난 폭풍우를 헤치며 행군을 계속했다. 그렇게 행군한 지 엿새 만에 아르코트 성문에 도착한 그들은 놀라운 사실을 발견했다. 아르코트 방어를 위해 배치해두었던 1,100명의 인도수비대들이 사라져버린 것이다. 이 사실을 두고 영국측은 클라이브가 이끄는 부대가 강력한 천둥과 번개를 동반하는 폭풍우를 헤치고 진격하고 있다는 소식을 들은 인도수비대 병사들이, 그러한 적들에 맞서는 것은 소용없는 일이 될 것이라는 결정을 내려서 그렇게 된 것이라고 주장했다. 하지만 그보다는 숫자가 확인되지 않은 부대가 진격해오자 인도수비대가 일시적으로 아르코트를 버리고 지원군을 기다렸다는 설명이 더욱 설득력이 있다. 왜냐하면, 그들은 아르코트 시에서 그다지 멀지 않은 진지로 퇴각해 있었기 때문이다.

클라이브가 영국이 아니라 무하마드 알리를 대신해 아르코트를 접수한 것은 정치적 합법성이라는 명분을 얻기 위한 속셈 때문이었다. 그는 아르코트를 점령해 자리를 잡고서 적들을 맞이할 준비를 했다. 2주가 지나지 않아 적진의 병력은 3,000명으로 불어나 있었다. 클라이브는 어둠을 틈타 500명의 병사를 이끌고 기습작전을 감행해 적진을 격파했다. 적은 멀리 달아났다. 그러나 머잖아 찬다 사히브는 무하마드 알리의 예상대로 움직여주었다. 그는 티루치치라팔리를 포위하고 있던 자신의 병사 4,000명과 프랑스 병사 150명을 철수시켜 아르코트를 탈환하려고 했던 것이다.

클라이브가 내세운 명분은 곧 실현되었다. 그는 무하마드 알리에 대한 압박을 덜어준다는 당초의 목적을 달성할 수 있었던 것이다. 클라이브가 보다 노련한 군인이었다면, 아마도 그쯤에서 아르코트를 버리고 마드라스로 되돌아갔을 것임에 틀림없다. 그러나 철저히 명예를 원했던 클라이브는 아르코트에 계속 머물렀다. 클라이브와 그의 군대는 아르코트 시내의 요새에 주둔하고 있었으며, 찬다 사히브의 병사들은 요새를 에워싼 거리와 민가들로부터 요새를 포위하고 있었다. 사실 그 무렵에는 클라이브의 병사도 3분의 1 이상이 전투, 질병 및 탈진 등으로 목숨을 잃었다. 하지만 그들은 자신들의 지휘관인 클라이브의 용기와 불굴의 지도력에 호응해 무려 50일 동안을 완강히 버텼다.

그러다가 11월에 찬다 사히브의 병사들이 요새를 공격했다. 높이 솟은 나무 성문을 때려부수기 위해 그들은 이마에다 철판을 붙여 고정시킨 코끼리들을 앞세웠다. 그러나 요새에서 날아든 총탄세례를 받은 거대한 코끼리들은 발걸음을 돌리기가 바쁘게 앞다투어 달아났으며, 그 바람에 수백 명의 병사들이 땅바닥에 깔려 죽었다. 그러나 찬다 사히브의 병사들은 순순히 물러나지 않고 한 시간 가량 더 전투를 벌이다가, 다음날 엄청난 규모의 부대가 클라이브를 지원하러 온다는 소식을 듣고 그제야 아르코트에서 영원히 물러났다. 이때의 지원군은 마드라스의 영국군과 무하마드 알리가 고용한 6,000명의 마라타 족들(봄베이 남쪽지역 출신의 인도인들)로 구성되어 있었다.

아르코트에서 거둔 클라이브의 대승으로 전황은 찬다 사히브와 프랑스에 매우 불리해졌다. 클라이브는 여세를 몰아 카르나타카에서의 무역을 장악하려는 프랑스 측의 위협을 좌절시키며 지속적으로 티루치치라팔리에 대한 봉쇄해제를 도왔다. 그리하여 1752년, 무하마드 알리는 자신의 아버지가 차지했던 카르나타카 나와브 자리를 되찾았다. 새로이 나와브가 된 무하마드 알리는 상당한 토지를 영국 동인도회사에 하사하는 것으로 고마움을 표시했다. 뿐만 아니라 그는 자신을 구원해준 클라이브에게 파격적으로 "짐은 운명이 항상 그대 편임을 확신하노라"라고 말하며 "전장에서 의연한(Steady in War)"이라는 뜻의 이름을 내려주었다.

그러나 운명의 수레바퀴는 변하기 쉬운 법이다. 1753년, 28세의 전쟁영웅 클라이브는 영국으로 귀환해 동인도회사가 그에게 수여한 다이아몬드가 박힌 칼만큼이나 사치스러운 생활을 영위하려고 했다. 그는 하원 진출을 꿈꾸며 거금을 뿌렸으나 실패했다. 그가 병참장교 시절에 모아두었던 얼마간의 재산도 곧 줄어들었다. 그는 프랑스와의 또 한 차례 전쟁이 임박한 가운데 다시 영국 육군중령으로 임관되었으며, 포트 세인트 데이비드의 지사로 부임해달라는 동인도회사의 제안을 수락했다.

1756년, 클라이브는 다시금 인도 땅에 발을 디뎠다. 하지만 당시의 영국 동인도회사는 군사적 우선순위를 프랑스가 아니라, 인도에서 가장 빠르게 성장하고 있던 무역중심지인 벵골 지역에 두고 있었다. 영국 동인도회사는 그곳의 포트윌리엄에 이미 상관을 세워 번창하고 있었으며, 약 10만 명의 인도인들도 성벽의 외곽에 정착해 캘커타 시를 이루고 있었다.

포트윌리엄(원경)과 성 앤 교회(전경) 부근의 풀밭을 주민들이 거닐고 있는 가운데, 18세기 초의 어느 캘커타 지사가 기수와 말 탄 호위병들을 앞세우고 공무를 시작하고 있다(맨 오른쪽).

1756년 6월 20일, 캘커타 블랙홀 감옥에 갇힌 영국인 포로들이 빗살 창문을 통해 감시병들이 전해주는 물을 받아 마시기 위해 시체를 딛고 아우성치고 있다. 이 참혹한 감옥에 갇힌 유일한 여성이 있었는데, 그녀의 이름은 메리 케리였다. 메리 케리는 당초 여성과 어린이들을 미리 대피시킨 영국선박에 타려고 했지만, 인도인의 피가 섞였다는 이유로 거부당했다. 하지만 그녀는 캘커타 블랙홀의 시련을 이기고 살아남았다.

그해 봄에 이르러서는 상황이 더욱 심각해졌다. 새로 왕좌에 오른 벵골의 나와브 시라지 웃 다울라는 유럽 세력의 부상과 점차 고조되어가던 영국과 프랑스 간의 전쟁을 우려하고 있었다. 벵골 지역의 평화에 심각한 위협을 느낀 27세의 군주 시라지 웃 다울라는, 영국과 프랑스 측에 캘커타에 새로이 축조된 요새들과 약 40km 북쪽에 위치한 찬데르나고르의 프랑스 인 정착촌을 각각 철거할 것을 요구했다. 그때 프랑스 측은 폭풍우 피해복구 작업을 하는 것일 뿐이라며 제법 유화적인 반응을 보였으나, 영국측은 방문한 사신을 모욕하고 철저히 그 요구를 거부했다. 영국측의 반응을 전해들은 시라지 웃 다울라는 격노했다. 그는 소리쳤다. "뒤도 제대로 닦을 줄 모르는 일개 장사꾼들이 짐의 명령에 대한 대답으로 짐의 사신을 쫓아낸다면, 앞으로 우리에게 더 이상 무슨 명예가 남아 있을 것인가!"

1756년 6월, 시라지 웃 다울라는 결연한 대처를 명령했다. 그리하여 4일간의 격렬한 전투 끝에 시라지 웃 다울라의 군대는 캘커타와 포트윌리엄을 점령했다. 그때까지 벵골 군대의 어떠한 공격도 막아낼 수 있다고 자신했던 영국에게 캘커타 함락이 가져다준 충격은 엄청났다. 하지만 사태는 거기서 그치지 않았다. 캘커타를 점령한 나와브의 군대가 영국인들에게 잔학하게 보복을 가하자, 인도인들에 대한 영국인들의 감정이 극도로 악화되었다.

6월 20일 밤, 포트윌리엄이 함락되자 시라지 웃 다울라는 다수의 동인도회사 직원들을 감옥에 가두라고 명령했다. 명령을 받은 벵골 병사들은 그들을 포트윌리엄 내의 영국인들이 감옥으로 사용하던 방에 가두었다. 블랙홀(일반적으로 군 형무소를 그렇게 불렀다)로 알려진 그 방은 가로 5.5m, 세로 4.5m 정도로 무척 비좁았으며, 반지하에 자리잡고 있어서 빛은 거의 들어오지 않았던데다가 환기는 조그마한 빗장 창문 2개를 통해 겨우 이루어질 뿐이었다. 때는 연중 가장 덥고 습하다는 시기였다. 그런 무더운 밤에 블랙홀에 빽빽이 갇히게 된 동인도회사 직원들은 서서히 숨이 막혀갔다. 하지만 시라지 웃 다울라는 그런 사정은 모른 채 단잠에 빠져 있었다. 감시병들이 그를 깨워서 감옥의 사정을 알리고 다시 명령받는 것을 망설인 까닭도 한몫 작용했다. 다음날 아침이 되었다. 감시병들이 감옥 문을 열자 상당수의 영국인들이 싸늘한 시체로 변해 있었다. 그리고 그 지옥의 밤에서 살아남은 한 사람이 그날의 참상을 소름끼치도록 상세히 기록으로 남김으로써 캘커타 블랙홀은 영원한 악명을 떨치게 되었다.

영국 동인도회사는 로버트 클라이브에게 캘커타 탈환을 제안했다. 클라이브는 승리할 경우 빛나는 미래가 보장된다는 것을 잘 알고 있었으므로 기꺼이 그 제안을 수락했다. 그는 아버지에게 "만약 성공적으로 임무를 완수한다면, 이번 원정에서 제가 큰일을 해내게 될 것입니다"라고 말했다. 클라이브는 영국해군이 내준 군함 5척의 지원을 받고, 영국 및 인도병사 2,000명으로 구성된 군대를 이끌고 곧장 적을 무찔러나갔다. 1757년 2월, 클라이브는 마침내 시라지 웃 다울라와 평화협정을 맺었지만, 그는 곧 그 젊은 나와브를 제거할 계획을 세우기 시작했다.

봄이 되자 클라이브는 벵골 지역의 유력한 인도인들과 음모를 꾸몄다. 그들은 놀랍게도 시라지 웃 다울라의 재정적 뒷받침 역할을 했던 자가트 세트의 가문과, 시라지 웃 다울라의 큰아버지이자 벵골 군대의 최고사령관 중 한 명이었으며 조카의 나와브 자리를 탐냈던 미르 자파르였다. 클라이브는 시라지 웃 다울라로부터 의심을 사지 않으려고 그에게 편지를 보내, "저는 귀하와 평화롭고 우애롭게 지낼 수 있기를 간절히 바랄 뿐입니다"라고 공언했다.

시라지 웃 다울라는 여전히 의심을 풀지 않았으나, 음모를 막지는 못했다. 1757년 6월 23일, 영국군은 캘커타에서 북쪽으로 약 150km 떨어진 플라시에서 나와브의 군대와 맞닥뜨렸다. 클라이브에게는 약 3,000의 병사가 있었고, 나와브의 군대는 약 5만이었다. 그러나 병사의 수는 의미가 없는 것이었다. 대부분의 나와브 병사들은 미르 자파르가 미리 철수시켜 놓은 상태여서,

영국측은 한 차례의 포격과 보병의 강력한 공격만으로 손쉽게 승리를 거두었다. 승리한 자들은 잇달아 시라지 웃 다울라를 찾아내어 죽여버렸다. 그로부터 며칠 후, 클라이브는 미르 자파르를 벵골 지역과 벵골에 인접한 비하르 및 오리사 지역의 새로운 통치자 자리에 앉혔다.

미르 자파르는 보답을 잊지 않았다. 그는 영국의 무역특권을 부활시키는 대신, 프랑스 인들을 벵골 지역에서 내쫓아버렸다. 또한 그는 영국 동인도회사에 충분한 토지를 양도해줌으로써, 그들이 거두어들인 세금으로 점차 늘어나던 병사들의 급료를 지급하는 동시에 남쪽 마드라스 지역의 프랑스 세력에 대항하는 전쟁자금을 보조할 수 있도록 했다. 그리고 캘커타가 파괴된 것에 대해서도 미르 자파르는 전쟁배상금을 지급해주었다. 병사, 장교 및 고위관리들에게 넉넉한 돈이 지급됨에 따라, 동인도회사 직원들 역시 흡족한 혜택을 누릴 수 있었다.

하지만 뭐니뭐니해도 가장 큰 혜택을 누린 사람은 새로 동인도회사의 벵골 지사로 부임한 로버트 클라이브였다. 그는 미르 자파르로부터 엄청난 액수의 금전을 선물로 하사받아 상상할 수 없을 정도의 큰 부자가

1757년의 플라시 전투에서 승리한 로버트 클라이브가 영국국기 밑에서 미르 자파르를 맞이하고 있다. 미르 자파르는 권좌를 차지하기 위해 조카인 시라지 웃 다울라를 배신했다. 벵골 나와브의 군대에는 진홍색 수를 놓은 천으로 꾸민 코끼리들도 있었으나, 초기의 무굴 제국 통치자들은 갑옷을 입힌 코끼리들을 군대에서 이용했다. 훗날 클라이브의 아들 에드워드와 며느리 헨리에타 허버트는 오른쪽 그림에 등장하는 것과 같은 17세기 초의 코끼리 갑옷을 수집해 영국으로 가져가기도 했다.

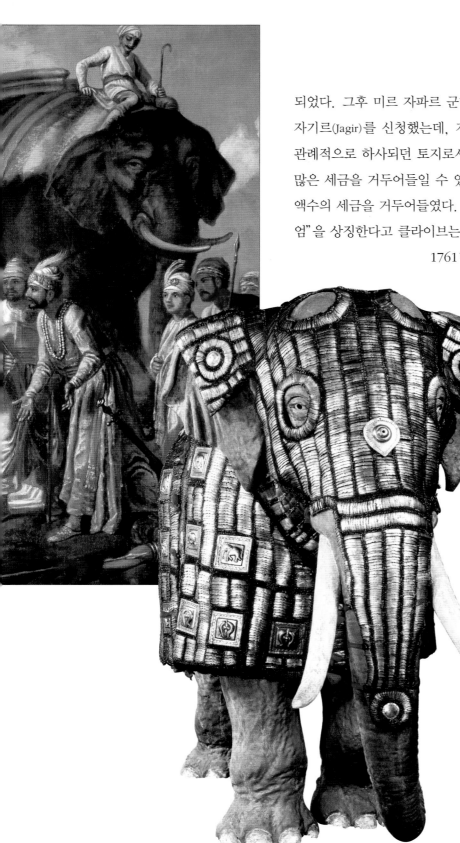

되었다. 그후 미르 자파르 군대의 고위장교로 임명된 클라이브는 왕실에 자기르(Jagir)를 신청했는데, 자기르란 클라이브와 같은 계급의 군인에게 관례적으로 하사되던 토지로서, 그것을 하사받은 사람은 소작인들로부터 많은 세금을 거두어들일 수 있었다. 클라이브는 자기르로 해마다 상당한 액수의 세금을 거두어들였다. 그것은 "나의 미래의 권력, 나의 미래의 위엄"을 상징한다고 클라이브는 썼다.

1761년, 36세의 클라이브가 영국으로 돌아왔을 때 그는 영국 최고의 부자들 가운데 한 명이자 최초의 나바브들 가운데 한 사람이었다. 인도의 칭호 나와브(nawab)를 벵골식으로 발음하면 나바브(nabob)가 되는데, 클라이브처럼 인도에서 큰 부자가 되어 영국으로 돌아온 후 그 자금을 바탕으로 영국사회에서 출세하려던 자들을 일컬어 나바브라 불렀다. 이제 클라이브는 예전과는 달리 하원의석을 살 수 있을 정도로 재산이 넉넉했다.

다시 벵골 지역의 형편을 살펴보면, 영국 동인도회사의 관리 및 민간직원들의 탐욕으로 인해 인도의 지배구조는 붕괴되고 있었다. 동인도회사의 고위관리들과 군 장교들

은 새 나와브 미르 자파르와 그 밑의 관리들로부터 많은 '선물'과 뇌물을 노골적으로 받았을 뿐 아니라, 사무역을 통해 엄청난 이득을 취하기도 했다. 사실 그전에도 동인도회사 직원들은 부업으로 삼았던 장사를 통해 자신들의 터무니없이 낮은 급료를 보충해오긴 했으나, 1757년에 발생한 일련의 사건들은 그러한 활동을 폭발적으로 증가시키는 요인이 되었다.

동인도회사 직원들은 이전에 유럽 인들이 한 번도 교역한 적이 없었던 지역들로 사업을 확장하면서 상품을 거래했으며, 이러한 상품들에 부과하는 관세는 나와브의 중요한 세원이 되었다. 하지만 동인도회사는 오래 전부터 나와브가 교부해준 일종의 특별통행권인 다스탁을 이용해 관세를 물지 않고 벵골 지역에서 무역할 수 있는 특권을 누려오고 있었을 뿐만 아니라, 나와브의 동의도 받지 않은 채 스스로 그러한 특권을 연장해오고 있었다. 게다가 동인도회사의 일부 직원들은 수입을 한층 더 늘리기 위해 자신들의 다스탁을 몰염치하게도 인도상인들에게 판매하기까지 했다. 당시 동인도회사의 간부직원들은 그런 식으로 벵골에서 10여 년만 돈을 긁어모으다가 퇴직하면, 젊고 부유한 나바브가 되어 고향으로 돌아갈 수 있었다.

수입을 늘리기 위한 영국인들의 요구는 지나쳤고, 미르 자파르 나와브는 당연히 망설였다. 그러자 영국 동인도회사는 군대를 풀어 궁전을 포위하고 미르 자파르 나와브를 강제로 퇴위시킨 다음, 그의 사위 미르 카심을 새 나와브의 자리에 앉혔다. 새 나와브 미르 카심은 영국인들이 자신을 권좌에 올려준 대가로 가장 중요한 세 곳의 지역을 할양해주었는데, 그것은 벵골 지역 토지세원의 자그마치 3분의 1에 해당하는 광활한 지역이었다. 그러나 미르 카심 역시 영국인들의 내륙을 통한 사무역 확대와 계속된 금전적 요구로 자신의 재원이 바닥나고 있다는 사실을 곧 깨달았다. 설상가상으로 동인도회사의 지역 중개상들은 주민들을 위협해 무역상과 상인들로 하여금 터무니없이 불공정한 가격으로 거래하도록 협박하기까지 했다. 1763년, 더 이상 참을 수

넓은 홀의 천개 밑에서 무굴 제국의 황제 샤 알람 2세가 로버트 클라이브에게 벵골 지역의 디와니(세금징수권 및 민정권)를 넘겨주고 있다. 이로써 영국은 인도지배를 위한 발판을 마련하게 되었다. 하지만 왼쪽의 그림은 상상화로서, 실제로는 1765년에 영국측의 막사에서 벌어진 일이었다.

없던 미르 카심은 동인도회사에 맞서 군사를 일으켰다.

이 소식은 곧 영국으로 전해졌다. 그런데 동인도회사 관리들의 처사에 누구보다도 질린 사람은 다름아닌 클라이브였다. 그는 "동인도회사의 모든 관리들의 마음은 부패, 방탕, 무원칙에 사로잡혀버린 듯하다"라고 썼다. 런던의 동인도회사 이사회는 내륙을 통한 면세 사무역 및 나와브로부터의 선물수수 행위를 금지시키는 훈령을 급히 인도로 보냈다. 그와 동시에 클라이브는 벵골 지사로 다시 부임해 사무역 남용을 철저히 단속함으로써 질서를 회복시켜달라는 요청을 받았고, 클라이브는 이를 수락했다.

하지만 동인도회사 이사회가 대책을 마련하는 동안, 인도에 있던 동인도회사의 군대는 미르 카심을 폐위시켜버렸다. 미르 카심은 인접한 오우드 지역의 나와브와 그의 초대를 받아 머물고 있던 황제 샤 알람 2세에게 도움을 요청했다. 당시 샤 알람 2세는 이전 무굴 제국의 영토였던 지역들 중 남아 있던 곳의 통합을 시도하고 있었다. 1764년, 그들이 결성한 임시 동맹군은 캘커타에서 서북쪽으로 약 640km 떨어진 북사르에서 영국군과 일대 접전을 벌였으나 또다시 영국군에 패하고 말았다.

영국군의 승전보는 1765년 4월에, 마드라스에 정박중이던 클라이브에게도 날아들었다. 소식을 들은 그는 급히 한 통의 편지를 런던으로 써 보냈다. 왜냐하면, 북사르 전투의 승리로 그는 새 나와브와 샤 알람 2세 무굴 제국 황제에게 자신의 요구조건을 강제할 수 있는 위치에 설 수 있었기 때문이다. "실로 우리는 이름뿐인 나바브보다는, 권위주의를 완전히 벗어던진 실질적인 나바브가 되어야 한다"고 그는 선언했다. 그 선언의 구체적 실천으로 클라이브는 1765년 8월 12일, 인도 북부 알라하바드에서 평화협정을 체결했다. 역사적인 담판은 클라이브의 막사에서 이루어졌으며, 클라이브는 식탁에 천을 덮어씌운 즉석 안락의자를 샤 알람 2세를 위한 옥좌로 마련했다. 이제 샤 알람 2세의 권위란 겉치레에 불과한 것이었으므로, 그러한 임시 옥좌는 그에게 걸맞은 것이었다.

알라하바드 협정에 따라 무굴 제국 황제 샤 알람 2세는 벵골, 비하르 및 오리사 지역의 디완이라는 중요한 역할을 영국 동인도회사에 넘겨주었다. 이제 영국 동인도회사가 그 부유한 세 지역의 모든 세금을 거두어들이게 된 것이다. 황제는 그 대가로 영국 동인도회사로부터 1년에 한 번씩 고액의 배당금을 받아 그 돈으로 자신과 황실을 부양했다. 또한 영국 동인도회사는 그 지역의 방비를 책임졌을 뿐만 아니라, 완전히 상징적인 인물이 되어버린 새 나와브에게 자금을 조달해주기도 했다.

영국 동인도회사의 간부들이 전략적으로 중요하며 상당히 넓은 인도의 한 지역을 사실상 지배하게 된 데에는 로버트 클라이브의 용맹성과 절묘한 술책에 힘입은 바가 컸다. 불과 150년 만에, 무굴 제국 황제에게 특혜를 간청하던 일개 해상무역회사에 불과했던 동인도회사가 인도의 통치자를 결정할 뿐만 아니라 육지를 기반으로 하는 막강한 권력기관으로 변모해버린 것이다. 미르 카심과 샤 알람 2세를 굴복시킨 후 로버트 클라이브는 "무굴 제국 전 지역이 우리 수중에 있다는 것은 결코 과장이 아니다"라고 주장했다. 그것은 어쩌면 너무 성급한 결론이었을지도 모른다. 그러나 한때 불량 건달이자 영국 동인도회사의 서기에 불과했던 로버트 클라이브가 영국의 인도지배라는 전설의 서막을 열었다는 데에는 이론의 여지가 없다. 그러나 클라이브 개인은 불행했다. 그는 생애를 통틀어 여러 차례 자살을 시도하다가, 마침내 49세에 스스로 목숨을 끊었다.

ESSAY _ 2 | 영국령 인도의 군대창설

18세기 중반, 영국 동인도회사가 인도에서의 정치적 기반을 확보하고 경제적 이해관계도 증가하자, 그들은 자신들의 이익을 옹호하고 적극적으로 확장시킬 군대의 필요성을 절감했다. 하지만 공급되는 병사의 수가 수요에 미치지 못하는 사태가 발생하자 동인도회사의 관리들은 인도 내의 동맹국 병사들에 의지해 병력을 늘려갔다.

세포이('기병' 혹은 '병사'를 뜻하는 페르시아 어 시파히(sipahi)에서 유래한 말)라 불렸던 힌두 혹은 이슬람 계 병사들은 중대단위로 편성되었으며, 영국군 장교들은 유럽 군대식으로 세포이 병사들을 무장시키고 훈련시켰다. 인도군의 아버지라고도 불리는 스트링거 로렌스 소령은 1748년에 마드라스에서 최초로 원주민을 연대단위로 모병했으며, 1757년의 플라시 전투 사령관이었던 로버트 클라이브는 최초로 벵골 군의 중대를 대대단위로 재편했다. 그리고 1799년에 영국군이 세링가파탐에서 승리할 무렵에 원주민으로 구성된 대대는, 동인도회사의 유럽 및 영국인 병사들과 더불어 없어서는 안 될 귀중한 존재들이었다.

영국 동인도회사의 상비군은 계속 성장해 19세기 중반 무렵에는 아시아 최대의 가장 세분화된 군대가 되었으며, 그 병력의 대다수는 원주민 출신의 병사들로 구성되었다. 그들이 있었으므로 영국인들이 제국을 건설하고 유지하는 것도 가능했던 것이다.

동인도회사 군대가 세링가파탐 요새를 공략하고 있다. 1799년 5월 4일, 불과 한 시간 만에 동인도회사 군대는 세링가파 탐에서 마이소르 제국을 무너뜨렸다. 그들의 전투력은 스트링거 로렌스의 탁월한 지도력에 힘입은 것으로 서, 그의 초상화(오른쪽)는 1775년경에 그려진 것이다. 동인도회사 군대의 초대 총사령관이었 던 그는 동인도회사 군대를 체계적으로 훈 련시키는 데 크게 공헌했다.

| 연합군 체제

동인도회사 군대는 명목상으로는 통합군 체제였으나, 실제로는 독립적인 봄베이, 벵골, 마드라스 군대의 연합군이었다고 할 수 있다. 이들 각 군대는 동인도회사 군대 인도 총사령관의 명령을 받았으나, 모병, 편제, 지휘에 있어서는 상당한 정도의 자율성을 가졌다.

마드라스와 봄베이 군대는 혼합연대 편성을 옹호해, 상이한 카스트 출신의 병사나 종교가 달랐던 병사들이 같은 중대나 기병중대에서 복무하기도 했다. 그것은 1830년대에 마드라스 군대의 어느 원주민 출신 장교가, "우리는 부대 깃발이 게양될 때면 각자의 종교를 배낭 속에 집어넣었다"라고 설명한 데서도 확인할 수 있다. 반면, 벵골 군대의 세포이들은 카스트와 종교에 따라 각기 다른 중대에 편성되었는데, 동인도회사측에서는 주로 높은 계층의 카스트에 속한 힌두 교도 병사들로 구성된 중대에는 엄격한 힌두 식의 식사를 제공할 뿐만 아니라, 종교적 축일도 인정해야 하는 등의 번거로움을 감수해야 했다.

동인도회사의 군대는 당시 사람들에게 볼 만한 구경거리였다. 화려한 색상의 군복을 입은 보병과 기병이 행군할 때에는, 짐 나르는 낙타, 코끼리 및 거룻배가 그 뒤를 따르며 탄약과 군수품들을 날랐다. 위의 그림은 1846년에 그려진 펜화로서, 그러한 장면을 잘 보여주고 있다. 병사들은 군복의 색깔로써 소속을 구분할 수 있었는데, 보병은 일반적으로 붉은색, 기병은 청회색, 그리고 포병은 검은색 군복을 착용했다.

히말라야의 산맥과 구릉지대 출신의 구르카 병사들은
처음에는 비정규군으로 모집되다가 나중에는 정규군의
일원으로 선발되었는데, 그들은 위의 19세기 수채화에서
볼 수 있듯이 자신들만의 독특한 원주민 복장을
고수했다. 영국군은 험한 지형에서 전투를 수행할
수 있는 구르카 병사들의 능력을 높이 평가했다.

왼쪽의 그림은 전형적인 벵골 군대의
군복으로서, 고란다(탄약 운반병)가
짙은 색의 상의를 입고 있다(맨 왼쪽).
보병(중앙)이 입고 있는 간소한
붉은색 외투는, 총독 호위대 장교
(오른쪽)의 정장 군복과 대조를
이루고 있다. 보병은 짧은 반바지를
입었으며, 모든 병사들은 해시계처럼
생긴 모자를 썼는데, 기후가 찌는 듯이
무더운 인도에서는 영국인들이
이를 허용해줄 수밖에 없었다.

| 기병대의 도입

인도에서의 첫 출정 때부터 영국군은 거의 보병에 의존했다. 기병대를 유지하려면 보병에 비해 상대적으로 많은 자금이 들 뿐만 아니라 훈련 또한 미숙했으므로, 전투를 승리로 이끄는 것은 보병이라는 것이 영국인들의 생각이었다. 그러나 일선 지휘관들은 이에 동의하지 않았다. 그들은 인도군들이 기병대를 잘 활용해 효율적으로 대항하는 것을 직접 목격했기 때문이다. 동인도회사도 곧 그러한 사실에서 교훈을 얻었다.

동인도회사는 처음에는 인도 동맹국들이 제공한 기병대에 의존하다가, 이후에는 비정규 기병부대를 모집하기 시작했는데, 이들이 결국에는 정규군으로 복무하게 된다. 동인도회사의 벵골 군대에서 공식적으로 받아들인 최초의 비정규 기병연대는 1803년의 제임스 스키너 부대이다. 한때 프랑스와 동맹을 맺기도 했으며, 영국에 맞서 싸운 인도군과도 제휴한 적이 있던 스키너와 그의 부하들 중 상당수가 패배하자, 그들이 동인도회사의 대의와 깃발 아래 모이기 시작한 것이다.

제임스 스키너는 혼혈(그의 아버지는 동인도회사 소속의 스코틀랜드 출신 선장이고, 어머니는 라지푸트의 공주였다)이라는 이유로 사람들로부터 부랑자 취급을 받기도 했으나, 그는 자신이 탁월한 군인이자 노련한 협상가임을 스스로 증명해 보였다. 그와 그 휘하의 병사들은 '스키너 기병대'로 널리 알려진 동인도회사 소속의 연대를 구성해 여러 전장에서 눈부신 활약을 보였다.

시간이 지날수록 기병대에는 보다 많은 우수한 군마와 경험 많은 기병들이 필요했다. 동인도회사측은 뛰어난 군마를 구하기 위해 마시장과 말 거래 현장을 찾아다니기 시작했으며, 한편으로는 유럽·중동·아프리카 등지로부터 아랍 종마들을 수입해 사육장으로 보냈다. 또한 스키너와 기병대 장교들은 경험 많은 농민전사 집단에서 신병을 모집했으며, 무굴 제국 및 기타 인도의 통치자들을 위해 복무한 경험이 있는 힌두 및 이슬람 무인가문 출신의 병사들을 선발하기도 했다. 스키너 기병대의 군복은 황색으로서, 이는 라지푸트 왕자들이 전장에서 사용하던 색이기도 했다.

| 명예를 위해 싸우다

라지푸트의 원주민 부대는 1835년에 영국을 도와서 바라트푸르 전투를 승리로 이끌었다. 이 승리는 무척 뜻 깊은 것이었다. 왜냐하면 그로부터 30년 전 똑같은 상황의 전투에서 그들의 아버지들은 사뭇 다른 결과를 초래했기 때문이다. 1805년의 라지푸트 부대는 전투에서 크게 패하여 부대의 긍지인 군기마저 갈기갈기 찢겨져버렸다. 전통에 따르면 일단 찢겨진 깃발은 버리고 새것으로 교체해야 했다. 그런데 놀랍게도 찢겨진 깃발이 감쪽같이 사라져버린 것이다. 그 찢겨진 깃발이 다시 등장한 것이 바로 바라트푸르 전투에서 승리한 직후였다. 승리

의 기념으로 누군가 부대 깃발을 올렸는데, 그것에는 30년 전 갈기갈기 찢겨진 채로 사라졌던 깃발의 조각들이 빛바랜 모습으로 함께 꿰매져 있었던 것이다.

사정은 이러했다. 30년 전 전투의 패배에서 살아남은 라지푸트 부대 병사들은 영국인 장교들 몰래 찢어진 깃발을 여러 조각으로 다시 잘라 각자의 아들들에게 물려주었다. 그리고 30년이 지난 그날, 그토록 오랫동안 라지푸트 병사들의 품속에서 좌절과 수치의 상징이었던 그 깃발이 다시금 세상에 나와서 이제는 무한한 자긍심으로 하늘 아래 펄럭이기 시작한 것이다.

한 브라만이 군기 봉정식에서 제35 벵골 경보병대의 군기에
화관을 씌우는 장면을 묘사한 위 그림은 1845년경에 그려진
수채화이다. 1년에 한 번씩 중요한 도구에 축복을 내리거나
사람들의 구원을 청하는 것은 힌두 교의 전통이었다.

기병대장 제임스 스키너 대령
(가운데 뒤쪽)과 그의 아들이
기병대에 입대하려는 어느
병사를 연대의 두르바르에서
맞이하고 있다. 황색 군복에
제식용 붉은 상의를 입은
기병연대 병사들은 융단이 깔린
대형천막 양쪽에 무릎을 꿇은
채 앉아 있는 모습이다.

영국병사와 인도병사, 국적이 다른 이들 병사들이 한 부대에 소속되면서도 신뢰와
경애가 바탕이 된 결속을 다질 수 있었던 것은 다름아닌 영광과 명예를 추구하는 군
인이라는 직업에 대한 무한한 자부심 때문이었다. 인도인 세포이들은 그들이 영국과
유럽 출신의 병사들만큼 존경받지 못할 것이라는 점을 잘 알고 있었다. 그러나 그것
이 영국인 장교에 대한 그들의 충성심을 흔드는 이유가 될 수는 없었으며, 오히려
그들은 자신들의 생계를 책임진 영국 동인도회사에 변함없는 충성을 바쳤다.

2 :: 아대륙 인도에서의 생활

캘커타의 어느 영국인 가정에서 멤사히브(유럽 출신의 여주인을 말함)가 인도인 재단사가 건네주는 새 모자를 살펴보는 가운데, 영국인 집사는 이를 지켜보고 인도인 하인들은 각자의 일을 하고 있다. 영국인들이 가족과 함께 인도로 들어오기 시작하면서, 완전히 영국식도 아닌, 그렇다고 완전히 인도식도 아닌 생활양식을 발전시켰는데, 이는 영국식과 인도식을 독특하게 결합시킨 것으로서 앵글로-인디언으로 불렸다.

1777년 11월 3일, 여섯 명의 인도인 뱃사공들은 선체가 얕게 잠기는 배에 승객들을 실은 채 수면을 부드럽게 헤치듯 노를 저으며 후글리 강을 거슬러올라갔다. 28세의 윌리엄 히키는 자신이 타고 있던 팬치웨이라는 배에서 편히 앉을 자리를 발견할 수 없었는데, 그 배는 낮은 지붕모양의 덮개가 있어 햇볕과 비를 피할 수는 있었으나 좌석은 갖추어져 있지 않기 때문이다. 히키와 그의 일행은 갑판에서 책상다리를 한 채로 수 km에 이르는 녹색 밀림지대를 지나야 했다. 밀림지대에서는 진흙으로 만든 작은 오두막 마을들만이 드문드문 눈에 띌 뿐이었다. 그러나 강이 동쪽으로 방향을 꺾으면서, 입을 다물지 못할 정도로 아름다운 풍경이 잇달아 나타나 여행의 불편함은 곧 잊어버렸다. "강가의 푸른 초목은 어느 방향에서 보아도 상상할 수 없을 정도로 아름다웠으며, 전체적인 풍경은 벵골의 타는 듯한 기후에서 볼 수 있을 것이라 내가 예상했던 것보다 훨씬 더 장엄했다"라며 히키는 그 풍경에 매료되었다. 그곳은 가든 리치라는 곳으로서, 영국령 인도를 통틀어 가장 번성하고 생기가 넘치던 도시인 캘커타로 들어가는 관문이었다.

지금 히키는 캘커타로 들어가 돈을 벌어볼 요량으로, 그곳에는 직업상의

인도로 가는 길

1820년대 후반에 기선이 등장하기 전까지 영국에서 인도로의 여행은 6개월 이상이 소요되는 고된 항해였다. 부유한 승객들은 고물의 상갑판, 즉 선미루(船尾樓) 바로 밑에 위치한 현창이 갖추어진 선실을 썼으며, 그보다 못한 선실은 아래쪽에 위치하고 있었다. 가장 가난한 승객들은 3등 선실을 이용했는데, 어느 승객은 3등 선실을 가리켜 "개집보다 못하다"고 불평했다. 선실 칸막이가 없던 3등 선실은 사생활이란 아예 없고, 환기도 잘되지 않고, 햇빛이 잘 들지도 않았다.

항해중 뱃멀미는 흔한 것이었으며, 지루함과 친밀함 때문에 희생자가 생기기도 했다. 더러는 다툼이 벌어지기도 했으며, 독

신여성과의 사랑을 두고 싸움이 벌어지는 경우도 있었다. 그리하여 "무분별한 애정행각"과 나쁜 소문이 퍼지는 것을 막기 위해 대개의 경우 미혼여성들은 보호자와 동반하는 것이 상식이었다.

긴 항해의 마지막 순간에, 즉 배에서 항구에 오르려는 때에 뜻밖의 시련이 닥치기도 했다. 마드라스에서는 거친 파도 때문에 큰 배들은 해안 가까이 접근하지 못했다. 결국 뱃사공들이 작은 배에 승객들을 옮겨 태우고 성난 파도를 헤치며 노를 저어 접안해야 했다. 일단 해안에 도착하면 승객들 중 여성들을 직접 안아서 육지로 옮겨주기도 했다.

연줄과 혈연 및 학연이 거미줄처럼 얽혀 있어서 틀림없이 환영받을 것이라고 생각했다. 또한 히키 자신의 무시할 수 없는 매력도 한몫할 것이었다. 변호사인 그에게는 일거리가 넘쳐날 것이 분명했다. 영국은 캘커타에 최고사법재판소를 설치했으며, 영국인들은 그 설치목적이 "원주민들을 억압으로부터 보호하고 인도에 영국법의 혜택을 주기 위함"이라고 주장했다. 이러한 점들을 염두에 두고 있던 히키는, 자신이 인도에 처음 머물렀던 10년 전보다는 이번 여행이 더욱 성과가 있을 것이라는 기대에 부풀어 있었다.

월리엄 히키는 1749년생으로서, 런던의 명망 있는 변호사인 그의 아버지 조셉 히키의 눈에는 시원찮은 젊은이로 보였다. 조셉은 자신의 막내아들 월리엄에게 훌륭한 교육기회를 제공해주었으며, 히키 가에서 운영하던 법률사무소에서 일을 배우게 했으나, 그는 나쁜 친구들과 계속 어울렸다. 그가 법률사무소의 장부 조작으로 돈을 빼돌려 술을 마시고 고급매춘부들과 어울리자, 고민 끝에 아버지 조셉 히키는 19세의 월리엄을 인도의 마드라스로 보내 동인도회사 군대의 사관생도가 되게 했다. 그러나 급료가 형편없다는 것을 안 월리엄은 곧 되돌아와, 아버지의 법률사무소에서 다시 근무했다. 하지만 인도는 다시 한번 월리엄에게 손짓을 보냈다. 이번에는 사관생도로서가 아니라 젊은 변호사로서 그의 미래는 이전과는 전혀 다른 모습이었다.

가든 리치의 우아한 저택들 주변은 작은 숲과 잔디가 둘러싸고 있었으며, 그것은 후글리 강까지 이어졌다. 그 저택들의 주인은 동인도회사의 간부직원들과 그 가족들로서, 그들은 종종 캘커타 시를 빠져나와 이곳 가든 리치의 시원하고 상쾌한 공기를 즐기곤 했다. 히키가 장차 캘커타에서 처음 몇 달간 신세를 지게 될 집주인도 그곳에 저택을 소유하고 있어서, 히키는 가든 리치에서 배를 내렸다. 그는 9m 높이의 둑에 오른 다음 잠시 멈추어 서서 강 상류 쪽을 바라보았다. 그때 그에게 비로소 처음으로 '웅장한 캘커타 시'의 모습이 한눈에 들어왔다.

1756년 벵골 나와브에게 점령당한 이후 영국인들이 재건한 캘커타 시는 도시를 찾아드는 방문자들이 후글리 강을 따라 상류 쪽으로 둑을 걷다 보면 오른쪽으로 환히 내려다보였다. 그렇게 얼마 동안 걷다가, 일곱 개의 성문이 있는 팔각형의 새로 건설된 포트윌리엄이 어렴풋이 보이면 캘커타 시에 거의 다 도착한 것이다. 거대한 개척지에 자리잡았던 포트윌리엄은, 에스플라나드(esplanade)라 불리는 약 800m에 이르는 녹지를 사이에 두고 캘커타 시가지와 떨어져 있었다. 이 시가지와 경계를 이루는 에스플라나드 가와 차우링히 거리를 따라서 거대한 흰색 건물들이 우뚝 솟아 있었으므로, 캘커타는 '궁전의 도시'라는 별칭을 얻기도 했다.

이 거대한 흰색 건물들은 히키와 그의 동료들처럼 처음으로 구경하는 사람들에게는 진짜 궁전처럼 보였는데, 아닌 게 아니라 그것들은 런던 귀족들의 저택보다 더 컸으며, 굳이 비교하면 베니스의 궁전만한 크기였다. 영국상인들은 웅장함을 좋아했다. 그들은 정부의 인가를 받아 자신들의 저택을 신고전주의 양식으로 즐겨 지었다. 그것들은 방형(方形)으로서, 1층에는 화려한 주랑과 베란다 및 공랑을, 2층에는 원주 모양의 박공벽이 있는 넓은 베란다를 갖추고 있었다. 저택의 윗부분은 평평했으며, 지붕은 항아리 모양으로 장식한 난간이 달려 있었다. 이러한 규모의 저택들에서는 가로 24m에 세로 12m, 높이가 12m에 이르는 응접실은 흔한 것이었다.

캘커타의 공공건물들 역시 고전적인 양식으로 화려하게 지었다. 에스플라나드 가에는 총독관저와 참사위원회 건물이 자리잡고 있었으며, 히키는 총독관저에서 영국의 초대 인도총독인 워렌 헤이스팅스를 만나기로 되어 있었다. 법원거리는 에스플라나드 가와 교차했고, 북쪽으로 쭉 가다 보면 탱크 스퀘어가 나왔는데, 그곳의 제방을 갖춘 넓은 저수지가 캘커타 시의 식수원이었다. 탱크 스퀘어 바로 옆에는 법원청사와 최고사법재판소가 있었으며, 히키는 바로 그 법원청사에서 변호사 사무실을 열 예정이었다. 후글리 강변에는 일부가 파괴된 구 포트윌리엄이 자리잡고 있었다. 그리고 창고들이 있던 구 포트윌리엄 옆의 강둑에는 유럽 상인들의 뱃짐이 넘쳐났다. 올드 포트 가트(Old Fort Ghat)—후글리 강에 이르는 경사로를 그렇게 불렀다—아래쪽의 강물에는 많은 유람선과 대형범선들 사이로 남자 힌두 교도들이 도티(허리에 두르는 간단한 옷)를, 여성들은 사리를 입은 채로 목욕을 하고 있었다. 그 근처에는 1756년의 유명한 블랙홀 참사 희생자들을 추모하는 홀웰 추모비가 서 있었다.

다민족으로 구성된 캘커타 주민들은 주로 시의 세 구역들에 나뉘어 거주했다. 화이트타운에는 영국인들이 거주했고, 그곳에서 북쪽으로 가면 중간지역이라고 할 수 있는 탱크 스퀘어에 아르메니아 인, 유대 인, 파시 교도 및 유라시아 혼혈인들이 살고 있었다. 더 북쪽에는 블랙타운이 위치했으며, 그곳에는 대부분이 힌두 교도인 인도인들이 거주했다. 그러나 이러한 구역들의 경계가 엄밀했던 것은 아니다. 대저택들 주위에는 인도인 하인들의 작은 오두막들도 있었고, 관공서 담을 따라서는 시장이 슬며시 자리잡기도 했다. 오죽했으면 어떤 외지인은 모든 것이 뒤죽박죽이라고 생각해 다음과 같이 짜증을 부렸을까. "마치 그곳의 모든 집들은 공중에 던져졌다가 다시 무질서하게 떨어진 것 같았다."

그러나 무질서는 상업으로 대표되던 영국령 인도가 엄청난 활력에 차 있다는 반증이기도 했다. 유럽 식 복장의 영국계 주민들, 터번을 두르고 붉은 외투를 걸친 세포이들, 흰옷을 입은 수백 명의 하인들, 그리고 이밖의 많은 사람들로 번화한 캘커타 시는 북적거렸다. 마차, 팰런킨 및 손수레들이 거리를 헤집고 다녔으며, 거리는 말, 개, 소와 화려한 장식을 한 낙타 및 코끼리 따위의 동물들로 넘쳐났다. 인도인 행상, 편지 대서인, 이발사 등은 야외에서도 생업을 꾸려갔다. 일부 사람들에게는 이 모두가 무질서로 비쳐졌으나, 윌리엄 히키에게는 더할 나위 없이 유리한 상황이었다.

윌리엄 히키는 1777년에서 1807년에 이르는 30년간의 대부분을 캘커타에서 화려하게 살았다. 그는 그 도시의 긴장과 음모를 통해 부상했고, 그 모두를 관찰했으며, 그로 말미암아 좋은 시절을 보냈다. 훗날 은퇴해 버킹엄셔에서 다소 따분하지만 편안한 여생을 보내던 그는 캘커타에서 겪은 그 모든 순간들을 기록으로 남겼다. 그는 기록을 통해서 캘커타에 형성된 독특한 영국인 사회를 자유롭게 묘사했으며, 비록 천박하지는 않았으나 자신도 종종 만취한 적이 있었다고 솔직히 고백하기도 했다. 하지만 히키 이외에 자신들의 경험을 상세히 기록했던 영국인들은 히키와는 다소 다르게 인도에서의 생활을 그렸다.

영국의 인도지배가 점차 확대되고 강화되자, 다소 보수적이며 상당한 지위에 있던 사람들이나 자본가들이 인도로 모여들었다. 그들이 인도에 온 목적은 윌리엄 히키처럼 화려하게 살거나 많은 돈을 벌기 위함이 아니었다. 극소수의 사람들은 면책특권이 주어진 외교관으로 와서 이름뿐인 군주들의 궁전에 머물렀으며, 더러는 공무를 맡아보는 '거류민(외딴곳에서의 거래를 관장하는 동인도회사의 대리인)'의 자격으로 인도에 오는 경우도 있었다. 하지만 대다수의 영국인들은 관리로 근무하거나, 광범위한 지역에 걸쳐 있던 군부대에서 군인으로 복무하기 위해 인도에 왔다.

영국군 장교의 아내이자 유명한 아동문학가였던 메리 마서 셔우드는, 그러한 군부대에서의 생활과 그곳에서 만난 많은 아이들―그들이 유럽 계 아이거나, '하프 카스트(인도인과 유럽 인의 혼혈아)'거나, 혹은 인도 출신의 아이

닭싸움이 벌어지고 있는 가운데, 흰 조끼를 입은 존 모던트 대령이 오우드의 나와브(가운데)와 이야기를 나누고 있다. 이 두 사람 주위에는 인도인 상인, 병사, 악공 및 무희들이 유럽 인 손님들과 한데 어우러져 있다. 18세기 후반에 오우드 나와브의 호위대장을 지냈던 모던트 대령은 인도에 이끌려왔던 수많은 영국인들 중 한 사람이다.

거나 상관없이—이 겪어야 했던 참상을 글로 남겼다. 그녀와는 달리, 동인도회사 직원의 아내로서 여행광이자 낭만주의자였던 패니 파크스는 인도인들과 그들의 종교의식 및 전통에 관한 글을 남겼다. 그러므로 히키, 셔우드, 그리고 파크스는 각자 나름대로의 방식으로 인도를 이해했으며, 그들이 남긴 글들은 오늘날 우리에게 다양하면서도 생생한 아대륙 인도에서의 생활상을 전해주고 있다.

캘커타에 도착한 처음 1년 반 동안 윌리엄 히키는 많은 변화를 겪었다. 그는 욕망에 탐닉하는 생활을 계속하긴 했으나, 차츰 방탕한 젊은이에서 존경받고 성공한 변호사로 탈바꿈했다. 그는 자신의 변화된 모습에 뿌듯해하며 다음과 같이 썼다. "밤늦게까지 술을 마셨다는 점에서는 무척 무절제한 생활을 했다고 볼 수 있으나, 나는 항상 아침 7시가 되기 전에 출근해 30분간 아침식사를 한 후, 저녁때까지 쉬지 않고 일했다. 그후에는 특별한 일이 없는 한, 펜을 잡지 않았다. 일거리는 충분해서 근무시간에는 언제나 일에 몰두해야 했으며, 세 명의 인도인 사무원들도 거느렸다." 이제 적당한 신부감만 찾으면 그야말로 모든 행복의 조건을 갖추게 되는 셈이었다. 그리고 그 조건은 곧 충족되었다. 1780년대 초, 잠시 영국에 되돌아가 있던 동안 원하던 신부감을 찾았던 것이다.

히키의 신부감 샬럿 베리는 맵시 있고, 예쁘며, 상냥한 성격을 지닌 런던의 고급매춘부였다. 그런데 히키와 베리가 사랑에 빠졌을 때 베리에게는 동거중인 남자가 있었다. 그 남자는 베리가 자신의 곁을 떠나겠다는 결심을 밝히자, 칼을 집어들고서 "너의 가슴에 칼을 꽂아버리겠다"고 위협하며,

인도의 카스트 제도

힌두 교의 카스트 제도는 그 기원을 바르나(신분에 따라 사회계층을 4계급으로 나눈 것)에 두었으며, 바르나 자체는 출생으로 결정되었다. 최고의 계급은 왼쪽의 그림과 같은 브라만으로서, 이들은 성직자 및 학자 집단이었다. 그 밑으로는 크샤트리아로 불린 전사계급과, 농민과 상인계급인 바이샤가 있었다. 최하층 계급은 수드라로서, 그들은 나머지 계급들에 봉사하는 운명이었다. 불가촉천민들은 카스트 체계에 속하지는 않았으며, 다른 계급들이 아주 불결하다고 생각하는 일을 도맡아서 했다.

카스트 제도는 대다수 힌두 교도들의 삶에 큰 영향을 미쳤다. 예컨대, 자신이 속한 카스트 이외에서 짝을 구해 혼인하는 것을 힌두 교에서는 금했으며, 자신보다 하층의 카스트에 속한 자가 만든 음식은 불결한 것으로 여겨졌다. 또 각각의 카스트에 속한 사람들은 다른 카스트에 속한 자들을 위한 직업에 종사할 수 없는 것이 불문율이었다. 이러한 금기사항들을 어기면 자신이 속한 카스트로부터 추방당하는 가장 무거운 처벌을 감수해야 되는 경우도 있었다.

격한 반응을 보였다. 당황한 히키는 베리를 죽이려고 미쳐 날뛰는 남자와 베리 사이를 부지깽이를 움켜쥐고 가로막아 섰다. 그때 궁지에 몰렸던 베리가 용기를 내어 히키를 밖으로 내보내 더 이상 사태가 험악해지는 것은 간신히 막을 수 있었다.

다음날, 히키는 다시 베리를 찾아가 낚아채듯 그녀를 자신의 마차에 태우고는 청혼을 했다. 그러나 베리는 이를 받아들이지 않았다. 그녀는 나중에 히키가 결혼이라는 관습의 굴레에 스스로를 옭아맨 것을 후회할지도 모른다고 생각한 나머지 청혼은 받아들이지 않는 대신, 그의 성은 따르기로 했다. "나는 그 순간부터 교회의 가장 엄격한 예법과 의식의 기준으로 비추어도 전혀 손색없이, 스스로를 그녀의 남편이라 생각했다"라고 히키는 썼다. 1783년 6월 30일, 두 사람은 인도 땅 캘커타에 도착했다. 비록 정식으로 결혼한 것은 아니었지만, 두 사람은 누가 보더라도 엄연한 부부로 보였다.

인도에서 살려는 영국인이라면 실생활에서 반드시 거쳐야 할 것들이 몇 가지 있었다. 그것은 윌리엄 히키가 처음 인도에 도착했을 때에도 느꼈던 것이었으며, 이제 막 인도에 첫발을 내디딘 샬럿도 머잖아 알게 될 사실이었다. 그중 첫번째는 역시 바니안(Banian)을 선택하는 일이었다. 바니안이란 '상인'을 뜻하는 어떤 단어가 와전된 것으로서, 그는 살림을 차리는 일에서부터 돈을 빌리는 일에 이르기까지, 모든 거래에서 일정한 다스투르(구전)를 받고 일을 처리해주었다. 바니안은 영국인들에게는 꼭 필요한 존재였으며, 그 때문에 일반적으로 영국인들은 사업을 할 수 있는 수준으로까지 토착어인 벵골어나 관청에서 사용하는 페르시아 어를 굳이 배우려 하지 않았다. 사정이 그러했으므로, 인도의 복잡한 상거래 관행을 이해하거나 이해하려고 노력하는 사람은 더더욱 드물었다.

바니안들의 주된 업무 중 하나는 하인들을 고용하는 것이었다. 당시 인도에서는 하인의 수가 엄청나게 부족했는데, 그 까닭은 카스트 제도가 직업선택의 자유를 제약했기 때문이기도 했고, 또 체면을 중시하는 인도인의 성향 때문이기도 했다. 영국인들은 집안일 전체를 관장했던 칸사마, 즉 집사가 식료품을 사러 다닐 수는 있으나, 그것을 집으로 운반할 수는 없다는 점을 알아야 했다. 또한 캘커타의 힌두 교도들은 외국인들의 음식 만드는 일에는 관여할 수 없다는 점도 깨달아야 했다(그 때문에 음식 만드는 일과 시중드는 일은 무슬림들이나 고아(Goa) 인들 차지였다. 고아 인이란 포르투갈 인들이 활동했던 고아에서 카톨릭으로 개종한 인도인들을 의미했다). 하층 카스트에 속한 자들만이 집에서 기르던 개를 맡을 수가 있었으며, 죽은 짐승들과 관련된 일(주인의 신발이 가죽으로 만들어졌다면, 신발과 관련된 일도 이에 속했다)은 불가촉천민들의 몫이었다.

요리사, 식탁에서 시중을 드는 키트무트가르, 문지기, 야경꾼, 심부름꾼, 청소부, 물 나르는 사람, 정원사, 마부가 있었고, 말들을 위해 풀을 깎는 사람, 아이들을 돌보는 아야(보모)와 기타 여러 하인들이 있었다. 재단사들은 영국인 가정을 방문해 가봉을 하고 옷을 배달해주기도 했으며, 빨래를 담당했던 도비들은 아예 영국인 가정에 거주하거나 고용된 신분으로, 아마포로 만든 빨랫감들을 가지고 갔다가 깨끗하게 세탁해서 되가져오곤 했다. 히키는 나중에 63명의 하인을 거느리게 되었다. 다른 사람들과 마찬가지로 그 역시 도둑과 다스투르에 불만이 많았으며, 무굴 식으로 시중받는 것을 철저히 즐겼다. 결국 거느리는 하인의 수가 그 사람의 지위와 지역사회에서의 위상을 나타내주었다.

샬럿과 함께 인도에 도착한 윌리엄 히키는 처음 6주 동안은 친구의 신세를 지다가, 8월 중순경에 법원청사 인근에 있는 어떤 집을 발견했다. 자신이 멋을 아는 사람임을 뽐내고 싶었던 히키는 엄청난 돈을 쏟아부어 그 집을 꾸몄으며, 그것은 그가 인도에 살면서 옮기게 되는 다른 집들에서도 마찬가지였다. 집을 꾸미는 것은 결코 수월한 일이 아니었다. 기후조건이 선택의 폭을 좁혔기 때문이다. "열기, 해충 등으로 말미암아 벽지나 징두리(비바람 따위로부터 집을 보호하려고 집채 안팎 벽의 둘레에다 벽을 덧쌓는 부분–옮긴이) 벽판은 적합하지 않다. 또한 이것들을 붙이기도 수월한 일이 아니다. 따라서 방은 온통 흰색 칠을 하지만, 판벽널을 붙여 깔끔한 느낌이 든다"라고 어느 여성은 썼다. 벽장식에는 흔히 거울을 이용했다.

열기와 습기는 언제나 골칫거리였으나, 히키는 자신의 집을 최대한 안락하게 꾸몄다. 그는 풍습대로 낮 시간 동안에는 문을 닫아둠으로써 집안의 열기를 식혔을 것이고, 그 시기에 막 유행하기 시작하던 고대 아랍에서 비롯된 장치인 펀카(punkah)를 이용했을 것이다. 얼마 지나지 않아 영국령 인도의 상징이 된 펀카는, 식탁 위의 천장에 매다는 직사각형의 틀을 갖춘 일종의 커다란 선풍기로서, 가는 밧줄과 도르래로 작동되었으며, 그 동력은 하인 한 명이 수동으로 공급했다.

또한 윌리엄은 자신과 샬럿을 멋지게 꾸미고 외출하거나 사교모임에 나가야 했다. 그는 샬럿을 위해서는 런던에서 만든 마차를, 자신을 위해서는 그보다 더 경량의 4륜 쌍두마차와 마차를 끌 말들(거기에 덧붙여, "인도에서 언제나 가장 중요한 품목이었던 포도주와 기타 주류들"도 함께)을 사들였으며, 그로 인해 진 빚을 갚는 데 무려 20년이 걸렸다.

샬럿 히키는 이제 '체력단련'이라 불리던 의식을 위한 준비를 마쳤다. 그것은 인도에 새로 도착한 여성이라면 누구나 겪어야 했던 일종의 시련이었다. 그녀를 가엾게 여긴 윌리엄의 표현을 빌리자면, 불쌍한 샬럿은 "가장 좋은 방의 상석에 놓인 의자에 정장을 한 채로 꼼짝 않고 앉아서, 식민지 귀부인들을 접견했다." 여성 방문객의 수는 거의 100명에 가까웠으며, 여성 한 명당 적어도 2명의 신사가 동행했다. 그와는 별도로 또 다른 남성이 그들을 샬럿에게로 안내했으며, 안내받은 여성 방문객은 무릎을 굽히고 몸을 약간 숙여 인사를 했다. 여성들은 경직된 자세로 5분에서 10분 가량을 앉아 있다가, 한 차례 더 인사를 하고는 자리를 떠났다. 그런 식으로 저녁 7시부터 11

시까지 사흘 연속으로 고역을 치렀다. 하지만 그것으로 끝나는 것이 아니었다. 그후에는 샬럿이 그에 대한 답방을 해야 했기 때문이다.

그것은 고된 일이었지만, 영국인들은 바로 그러한 의식들을 통해 이국땅 인도에서 그들만의 삶을 꾸려나갔다. 앵글로-인디언으로 불리게 된 이들 인도 땅의 영국인들은 인도인의 삶의 주기 한가운데에서 영국사회를 재창조하기 시작한 것이다. 원래 인도인들의 삶의 주기는 영국인들에게는 생소한 것이었다. 힌두 교도들은 2월 혹은 3월에 다산을 기원하는 홀리 축제로 새봄을 맞이했으며, 이 축제 때는 행진을 하고 춤도 추었다. 그후 짧은 기간 동안은 기온이 영국의 여름철만큼이나 선선해졌다가, 이내 갖가지 나무에 꽃들이 만발했다. 그러다가 오뉴월에는 기온이 찜통같이 올라가, 오색조와 뇌염조류들이 먼지투성이 나무에 편히 자리잡고 단조로운 노래를 불러댔다. 6월이 되면 모든 사람들은 계속되는 더위와 먼지, 타들어가는 대지, 그리고 시들어가는 식물들과 더불어 지치기 시작했다. 일종의 초조 속의 기다림이었다. 사람들은 하늘을 쳐다보며, 우기의 시작을 알려주는 구름을 애타게 기다렸다. 우기가 막 시작될 무렵이면 대지는 열기로 후끈거렸으며, 하늘에는 온통 새들의 노랫소리와 곤충들의 윙윙거림으로 가득 찼고, 기쁨에 넘친 사람들은 온몸이 흠뻑 젖을 때까지 거리에서 춤을 추었다.

그러나 그들의 기쁨과 안도감도 오래가지는 못했다. 일단 우기에 내리기 시작한 비는 잦아들 줄 모르고 석 달간이나 폭우를 동반했기 때문이다. 낮 동안에 비가 잠시 그칠라치면, 모기, 나방, 진딧물 따위가 구름처럼 몰려들어 모처럼의 휴식시간을 망쳐놓았다. 이윽고 10월에 우기가 끝나면 벵골 지방의 힌두 교도들은 두르가 푸자 축제를 거행했는데, 그 축제는 칼리 신('두르가'로 불리기도 함)에게 바치는 것이었다. 칼리 신은 모신(母神)의 파괴적인 측면을 구현한 신으로서, 그 신전은 캘커타 남쪽의 칼리가트에 자리잡고 있었다. 영국인들은 칼리 신의 쑥 내민 혀와 해골로 만든 목걸이의 어두운 이미

아래의 그림은 1786년에 그려진 수채화로서, 캘커타의 탱크 스퀘어를 그린 것이다. 걸어 다니는 인도인들과 마차와 팰런킨을 타고 돌아다니는 유럽 인들로 분주한 모습이다. 고전적인 양식의 아치를 한 구 법원 청사와 인접한 서기 건물이 광장의 경계를 이루고 있다. 맨 왼편에는 블랙홀에서 죽어간 영국인들을 추모하는 홀웰 첨탑이 보인다.

지에 위축되었으나, 두르가 푸자 축제 이후의 안개 자욱한 아침과 선선하면
서도 맑은 낮 시간은 무척 기다렸다.

인도의 혹독한 기후조건 때문에 유럽 인들이 포기했던 것들은 차츰 줄어들
었다. 월리엄 히키의 시대로부터 약 50년 전쯤의 영국 대리상들은 집에서는
바니안들이 입었던 편하고 헐거운 상의와 무어(Moor) 식의 펑퍼짐한 바지를
입었으며, 때로는 그런 복장으로 외출을 하기도 했다. 그러나 새로운
앵글로-인디언들은 달랐다. 그들은 본국으로부터 직접 복식
을 들여왔으며, 그것이 인도의 날씨에 적합하냐의 여
부는 개의치 않았다.

그러나 무더위가 한창일 때에는, 남성들은 외투 대신에 흰 아마포로 만든 소매가 긴 양복조끼를 입고 저녁 외출에 나서기도 했다. 그러나 여성들은 섭씨 37도가 넘는 날에도 일반적으로 코르셋, 슈미즈, 스타킹, 속치마 및 긴 겉옷을 완전히 갖추어 입었다. 자주 옷을 갈아입어야 했으므로, 도비들은 빨래를 하느라 쉴 틈이 없었다. 그러나 히키는 영국신사 행세를 할 수 있어서 기뻤으며, "나 자신보다 우단과 몰(모사(毛絲), 금사(金絲), 은사(銀絲) 따위를 재료로 돋을무늬를 넣어 짠 직물―옮긴이)이 풍부한 신사복을 갖추어 입고 등장한 사람이 없고, 내가 무척 품위 있는 옷차림을 하고 다니는 것으로 알려져" 행복했다.

　캘커타의 앵글로―인디언들이 기후를 고려했던 유일한 분야는 하루일과이다. 사람들은 동트기 전 선선할 때에 기상해서, 운동을 한 후에 목욕을 하기도 했다. 아침식사는 오전 7시에서 9시 사이에 했으며, 히키의 시대에는 아침식사를 간단히 차와 토스트로 때우지 않고, 생선, 육고기, 가금육, 카레, 포도주 따위가 포함된 풍부한 식단으로 바뀌어가던 중이었다. 아침식사를 마치면 히키와 같은 사람들은 각자의 사무실로 출근해서 저녁시간까지 일했다. 여성들은 집안일 돌보기, 독서, 편지쓰기를 하거나, 시내 번화가에 자리 잡은 도자기 시장 혹은 '유럽 상점들'에서 쇼핑을 했다. 이때에는 가끔 상인들이 물건을 고객의 집까지 배달해주는 경우도 있었다.

　점심식사는 오후 2시에 시작되었으나, 세월이 지나면서 그 시간대가 차츰 저녁 무렵으로 옮겨갔다. 어느 여성이 점심식사는 "스프, 가금육 로스트, 카레라이스, 양고기 파이, 포쿼터 양고기(앞쪽 1/4 부위 고기), 라이스 푸딩 및 최고급 치즈"로 구성되었다고 기록했듯이, 점심식단은 매우 풍성했다. 술의 경우만 살펴보더라도, 1인당 포도주 한 병 정도를 마시는 것은 드문 일이 아니었다. 점심식사 후에 남성들은 후카를 즐겼으며, 여성들이 후카를 즐기는 경우도 있었다. 그러나 윌리엄 히키는 후카를 싫어했으며, 후카를 피우지 않는 멋쟁이도 있다고 생각하며 그것을 끊었다.

오후의 뜨거운 거리에 영국인들의 모습은 보이지 않았다. 그들은 시원한 복장으로 저녁 7시나 8시까지 휴식을 취하다가 일어나, 목욕 후 다시 옷을 입고 에스플라나드 가의 남쪽에 자리잡은 삼거리에 바람을 쐬러 나갔다. 이동할 때에는 말을 타는 사람도 있었고, 일부는 마차를 이용하기도 했으며, 히키처럼 4륜 쌍두마차를 이용하기도 했다. 그러나 벵골 지방에서 마차는 주로 과시용이었으며, 마차가 달릴 만한 도로는 거의 없었다. 대부분의 사람들은 네 명에서 여섯 명의 제복 입은 가마꾼들이 둘러멨던 팰런킨을 타고 돌아다녔다. 낮에는 의식용 은제 봉을 휘두르며 하인들이 팰런킨을 앞서 갔으며, 밤에는 횃불을 든 하인들이 길을 밝혔다.

바람을 쐬고 난 후에는 차를 마셨고, 그후에는 이웃을 방문해 카드 놀이나 노름을 즐겼을 것이다. 저녁식사는 밤 10시경에 시작되었으나, 연회의 즐거움은 결코 거기서 멈출 수는 없는 것이었다. 남성들은 탱크 스퀘어의 북쪽 경계 근처의 랄(Lal) 시장에 있는 선술집에 들르거나, 커피점에서 날짜가 지난 영국신문들을 볼 수 있었다. 랄 시장의 언저리에 자리잡은 하모닉 선술집에서는 남녀 구별 없이 연주회에도 참석할 수 있었다. 그 선술집에는 흔히 회관으로 알려진, 춤출 수 있는 공간이 마련되어 있었다. 또한 캘커타 극장에서는 예약제 무도회가 열려, 부인들이 그들 남편의 지위에 따른 엄격한 순서대로 미뉴에트를 추었다. 총독들은 영국 국왕의 생일과 같은 기념일에는 불꽃놀이를 시작으로 각종 공식 무도회와 연주회를 개최함으로써 인도 땅 캘커타가 영국령임을 다시 한번 상기시켜주었다.

떠들썩한 경축행사들이 즐거움을 가져다주었을지는 모르지만, 행사에 참석한 이방인들은 건강을 위협받기도 했다. 그들은 18세기 영국에서 흔했던 온갖 질병들(장티푸스, 콜레라, 결핵, 천연두 및 괴혈병 등)로부터 자유로울 수 없었던데다가, 인도에서는 열대병으로도 고통받았다. 이러한 열대병에는 이질, 기생충 감염, 알 수 없는 종류의 열병들과 '간헐열(모기가 극성을 부리는 지역에서 발생하는 말라리아)' 등이 있었다. 이러한 질병에 걸려 사망한 사람들이 많았다.

사람들은 병의 원인을 캘커타 주변의 습지에서 생기는 나쁜 공기 탓으로 돌렸다. 그러나 모든 사람들이 알고는 있었으나 속수무책이었던 것이, 영국령 인도를 관찰한 어떤 사람이 기록한 것처럼, 많은 문제들은 "이곳 영국인들의 전반적인 생활양식과 여러 가지 주류의 과음" 때문에 생긴 것들이었다. 환자들 중 상당수가 간 질환을 호소했다. 히키 자신도 만성 위경련을 앓았다.

윌리엄 히키는 체질상 몸을 아무리 혹사시켜도 견딜 수 있을 것 같았으나 (그는 80세까지 살았다), 샬럿의 건강은 캘커타에 도착한 지 몇 달이 되지 않아 나빠지기 시작했다. 그녀는 처음에는 날씨가 선선해지면 나아질 것이라고 생각하며, 연인 윌리엄의 걱정을 대수롭지 않게 생각했다. 의사도 마찬가지 생각이었다. 의사는 그녀의 극심한 가슴통증을 '신경성' 발작으로 대수롭지 않게 여겼다. 그러나 그로부터 몇 년 후에 윌리엄이 기술했듯이, "그럼에도 불구하고 치명적인 병의 근원이 그 당시 그녀의 몸에 숨어 있었다." 윌리엄이 사랑했던 샬럿은 캘커타에 도착한 지 불과 6개월 만인, 1783년의 성탄절에 숨을 거두었다.

"치명적인 병의 근원이 그녀의 몸에 숨어 있었다."

히키가 슬픔을 달랜 유일한 방법은 폭음과 일에 몰두하는 것이었다. 갓 잠에서 깨어나 슬픔과 숙취로 괴로운 시간부터 사무실 책상에 앉아 일을 시작하는 시간까지가 그에게는 가장 힘든 시간대였다. 술을 마시면 가끔씩은 마음을 달랠 수는 있으나, 파티가 근본적인 해결책이 될 수는 없었다.

윌리엄 히키는 샬럿과 함께 나누었던 그런 교제를 갈망했으며, 마침내 젬

세련된 유럽 식 복장의 영국인
들이 캘커타의 테일러 시장을
두리번거리며 도자기, 샹들리
에, 항아리, 그림 따위를 구경
하고 있다. 이곳이 영국이 아
님을 나타내주는 것이라고는
인도인 짐꾼들뿐이다. 테일러
시장에서의 쇼핑은 1820년대
부유한 앵글로-인디언들이 즐
겼던 취미이다.

다니라는 이름의 지적이고 매혹적인 인도여성에게서 그것을 찾을 수 있었다.
많은 선배 나바브들의 선례에 따라, 그는 그 젊은 여성을 자신의 집으로 데
리고 와서 함께 생활했다. 그녀는 몇 년 동안 그와 함께 살았고 행복해 보였
으며, 윌리엄은 그녀가 "무척 명랑하고 유머 감각도 뛰어나서 내 친구들 모
두가 그녀를 존중하고 흠모했다"라고 썼다. 그는 그녀를 위해 네덜란드 인
정착촌인 친수라에서 강 상류 쪽으로 약 40km 떨어진 곳의 정원에 정자를
지어주었고, 자신의 배를 타고 그곳에 들르기도 했다.

그리고 세월이 흘렀다. 그동안에도 히키는 술친구들과 계속 어울리며 파티

THE
CALCUTTA GAZETTE;
OR,
ORIENTAL ADVERTISER.

1788년 12월 4일

가이라르드 씨는 오늘부터 복스홀 불꽃놀이 축제가 시작됨에 따라 캘커타의 신사 숙녀들에게 그 소식을 알릴 수 있어서 매우 기뻐하고 있다. 축제는 '즐거움의 공원'이라 이름 붙여진 공원을 개장하는 것으로 그 막을 연다. 이 공원은 매우 넓은데다가 새로운 산책로가 추가되었으며, 덮개가 씌워져 저녁시간의 습기로부터 산책객들을 보호해줄 뿐만 아니라, 일단 불을 밝히면 멋진 야경을 연출할 것이다. 불꽃놀이는 저녁 8시 정각에 시작될 예정이다.

1792년 4월 19일

지난 주에 바레로 씨는 수크사구르에서 커다란 호랑이 세 마리를 잡았다. 그중 한 마리는 코끼리 바로 옆에 있던 한 남자를 덮치다가 그가 쏜 총에 맞아 즉사했으며, 나머지 두 마리는 그물에 포획되었다.

1789년 9월 3일

얼마 전부터 캘커타에 거주하는 유럽인들 사이에 감기가 유행하고 있다. 한 의료담당 기자는 형편이 되는 사람들은 장밋빛의 포트와인을 "실컷 마실" 것을 권장하고 있다. 그는 포도주를 마시는 것은 "모든 근심거리를 잊기" 위해서가 아니라, 양질의 안락한 생활을 영위함으로써 우기에 뒤따르게 마련인 유해한 날씨의 나쁜 영향으로부터 스스로를 보호하기 위함이라는 자상한 설명도 잊지 않았다.

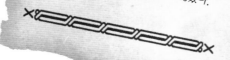

| 신문의 발행 |

1784년 3월에 창간된 〈캘커타 가제트〉지는 영국인들을 대상으로 한 신문으로서, 정치 및 사회소식을 게재했다. 그보다 4년 앞서 창간된 캘커타 최초의 신문인 〈벵골 가제트〉지는, 편집장 제임스 히키가 영국관리들을 신랄하게 비판하는 바람에 폐간되고 히키는 명예훼손죄로 투옥되는 수난을 겪었다. 〈벵골 가제트〉보다는 논란이 될 만한 기사가 눈에 띄게 적었던 〈캘커타 가제트〉는 오랫동안 이어져, 1832년까지 주2회 발간되었다.

〈캘커타 가제트〉는 기사별로 몇 개의 영역으로 세분되어 있었다. 관청소식란은 공공정책, 법률초록, 혹은 지방위원회 의사록 등에 관한 기사를 실었는데, 그중 하나를 살펴보면, 1799년에 영국군이 필요로 했던 코끼리 200마리와 낙타 90마리를 공급하고 사료를 먹이는 계약을 W. 페어리라는 사람과 체결한 것을 승인했다는 내용의 기사를 볼 수 있다. 사설은 딱딱한 소식을 다루는 경우에서부터, 1792년에 개최된 하루 동안의 국왕 생일 축하행사 스케줄 발표와 같은 내용에 이르기까지 다양했다. 시인란에는 애국적인 서정시, 민요 혹은 풍자시가 실렸으며, 광고란에는 유럽 상품의 공매 및 판매에서부터 부동산 및 구인광고에 이르는 모든 것들을 다루었다. 〈캘커타 가제트〉를 읽어보면, 캘커타에는 나름대로 끔찍한 사건들과 즐거운 일들이 골고루 발생했음을 잘 알 수 있다. 그 같은 일들은 살인, 강도, 결투, 납치 및 애인과 함께 도주하는 것에서부터, 크리켓 시합, 조랑말 경주, 무도회 및 연극공연에 이르기까지 다양했다.

1788년 10월 30일

최근에 파리에서 온 미용사 라 플뢰르는 최신 유행에 맞추어 머리를 손질해준다. 그는 숙녀에게는 4루피를, 신사에게는 2루피를 머리손질 요금으로 받고 있다. 또한 머리를 자르는 데에는 6루피를 받고 있다. 1개월 단위로 요금을 지불하고 그에게서 머리손질을 받으려는 경우에는, 그에 합당한 요금을 책정하기도 한다.

1786년 2월 16일

본인 존 헨트는 1786년 1월 30일 월요일에 경마장에서 특별한 이유 없이 로버트 헤이스 씨를 폭행했으므로, 이에 본 지면을 빌어 전술한 무례를 범한 것에 대해 피해자 헤이스 씨에게 용서를 구합니다.

1799년 3월 21일

학부모님과 보호자들께 알립니다. 저 미들턴은 다이나포어의 공기 좋고, 깨끗하며, 적당한 부지에 건물을 한 채 마련하였습니다. 이에 실례를 무릅쓰고 친구들과 시민들에게 학교를 운영하게 됨을 알려드립니다. 남녀학생들은 수업료를 내게 될 것이며, 그것은 학부모님들과 보호자들께서 생각하시기에 적당한 선이 될 것입니다. 학생들의 건강, 품행지도 및 그들이 배울 모든 학과목들에는 극히 세심한 주의를 기울일 것입니다.

그림의 이 여성은 금으로 장식된 풍성한 의상을 입고, 빛나는 보석으로 치장하고 있다. 이 아름다운 젊은 여성은 윌리엄 히키의 인도인 반려자인 젬다니로 보이며, 평온한 표정으로 바깥을 응시하고 있다. 히키는 그녀가 "상냥하고 무척 사랑스러운 소녀로서 그녀와 함께하는 것은 축복"이라고 했다.

를 즐겼고, 여러 공직에서 근무했으며, 자신의 주변에서 일어나는 일들을 흥미를 가지고 관찰하면서, 그중에서도 특히 다툼, 살인, 처형, 통치유형의 변화 및 영국에 의한 인도 왕자들의 투옥 등을 기록했다. 1796년에 젬다니가 아이를 낳다가 죽자, 그는 크게 상심했다. 그때 히키의 동료의 아내가, 히키와 젬다니 사이에서 난 아들을 돌보겠다고 제안했고, "그녀는 아이를 마치 친아들처럼 맞아들였다." 그러나 양어머니의 따뜻한 보살핌에도 불구하고 아이가 9개월 만에 죽자, 히키는 "내가 사랑했던 젬다니가 남겨준 유일한 피붙이"였다며 슬퍼했다.

이제 히키도 나이(혹은 모르긴 해도 나쁜 습관들의 영향)를 느끼기 시작했다. 1807년에 의사가 그에게 건강이 몹시 좋지 않으니 영국으로 돌아가야 한다고 말했다. 히키는 가련한 신세가 되어버렸다. 좋은 친구들, 멋진 세간들이 가득한 집, 그리고 오랫동안 함께 지내왔던 인도인 하인들을 뒤로한 채 떠나야 했던 것이다. 영국에서의 생활이 크게 어려울 것은 없었지만, 결코 인도에서 만큼의 풍족한 생활을 누릴 수는 없을 것이었다. 또한 인도를 떠남으로써 결과적으로 많은 사람들을 저버리는 셈이 되었으며, 그들을 위해 금전적으로 도움을 줄 수도, 새 주인을 소개해줄 수도 없었다. 그러나 그에게는 선택의 여지가 없었다.

히키는 자신이 진 빚을 갚고, 애장품들은 영국으로 운반하기 위해 조심스럽게 짐을 꾸리게 했으며, 그 외의 것들은 팔아치웠다. 여러 곳에서 마련해준 송별회에 참석한 후에, 마지막으로 자신

의 멋진 배를 타고 강 하류를 따라 내려가며 이제 그를 영국으로 데려다줄 캐슬 에덴 호로 향했다. 인도에서 히키가 들은 마지막 소리는 자신을 위해 일했던 하인들의 울음소리였다. 그들은 히키를 따라와 그가 캐슬 에덴 호에 승선할 때까지 시중을 들어주었다. 그들은 히키가 진짜로 인도를 떠나리라고는 믿지 않는 것 같았다. 그것은 히키도 마찬가지였다. 히키는 마지막 순간까지도 캘커타로 발길을 돌리고 싶었다. 하지만 그럴 수 없었던 히키는 하인들의 목소리가 아련히 잦아들자 선실에 파묻혀 눈물을 흘렸다.

언제나 안락함을 중시했던 윌리엄 히키는 기나긴 귀향 항해길에도 숙박시설에 세심한 신경을 썼다. 그는 선장의 권유에 따라 갑판 사이의 우현선실을 쓰기로 했는데, 그는 곧 그 결정을 후회했다. 히키가 자신의 회고록에서도 진술하고 있는 바와 같이, 갑판 사이에 있는 선실의 불편함이란 무엇보다도, "귀향하는 아이들(비록 그들이 인도에서 태어났지만, 귀향한다는 표현을 썼다)의 끔찍한 비명과 울음소리가 들린다는 점이다." 우리는 히키의 이 표현에서 바야흐로 구시대와 새로운 영국령 인도가 만나고 있음을 실감한다.

19세기로 접어들자, 윌리엄 히키와 같은 사람들이 설 자리는 점점 좁아지기 시작했다. 새로운 영국령 라지(영국 통치하의 인도를 말함)의 영국인 거류지에서는 자수성가해서 부자가 되거나 명성을 떨치려는 젊은이들은 줄어들고, 그 대신 관료들과 그 가족들의 수가 크게 늘어났다. 교육은 캘커타에도 학교가 있어 영국인 부모를 둔 아이들이나 혼혈아들은 그곳에 다닐 수 있었으나, 앞서 히키의 경우에서도 보았듯이 형편이 허락되는 부모들은 자녀들이 7세가

윌리엄 히키는 인도에서의 오랜 상류생활이 몸에 밴 것으로 보인다. 위의 그림은 1819년의 것으로, 그가 영국으로 돌아온 지 11년이 지난 때이다. 영국식 복장을 갖추고 그의 옆에 서 있는 소년은 그의 하인 윌리엄 머뉴(Munnew)로, 원래 그의 이름은 마누(Manu)였으나 히키를 따라 영국으로 이주하면서 영국식 이름으로 바꾼 것이다. 앵글로-인디언들이 인도인 하인을 데리고 귀국하는 것은 드문 일이 아니었다.

되면 영국본토에서 교육받도록 하려고 자녀들을 영국으로 보냈다. 인도생활 지침서를 썼던 어느 영국인은, 인도에서의 학교교육이 충분하다고 하지만 그는 절대로 인도에 있는 학교에 아이를 맡기지는 않을 것이라 했으며, 대다수 사람들의 의견도 그와 같았다. "그런 식의 교육을 받은 모든 아이들은 유럽에서 훈육된 신사들의 사회에 부적합하다"라고 그는 썼다. 인도에서 교육을 받으면, 젊은 여성의 경우라면 혼사 길이 막힐 수도 있으며, 젊은 남성의 경우라면 취직을 못할 수도 있었다. 그러나 자녀들을 영국으로 보낼 형편이 되었던 부모들은 소수에 불과했으며, 그 시기에 인도에서 태어난 영국아이들은 심지어 7세가 되기 전에 죽는 경우도 허다했다.

앵글로-인디언 가정들은 최선을 다해 역경을 헤쳐나갔다. 메리 마서 셔우드와 그녀의 남편 헨리 셔우드 대위의 가정이 그러했다. 셔우드 대위는 보병연대 경리관으로서, 1805년에 자신의 부대와 함께 인도로 파병되었다. 당시 30세였던 메리 마서는 11개월 된 사랑하는 딸을 친정어머니에게 맡기고 남편을 따라 나섰다. 훤칠한 키에, 적갈색 머리의 미인이었던 메리 마서 셔우드는 영국국교회의 교구목사 가정(그녀의 아버지는 한때 조지 3세의 궁정목사였다)이라는 교화된 환경의 교양 있는 부모 밑에서 자랐으며, 부모 덕에 남부럽지 않은 어린 시절을 보낼 수 있었다. 당시의 소녀들이 으레 그랬듯이, 그녀도 몸이 굽는 것을 예방하기 위해 척추교정판에 묶여서 수업을 받아야 했는지는 모르지만, 그녀는 아버지의 서재를 자유롭게 이용하며 오빠와 더불어 라틴어와 그리스 어를 배웠으며, 수업이 끝나면 우스터셔 지방의 전원풍경을 자유롭게 즐길 수 있었다. 어린 시절의 유복함과, 사촌 헨리와의 행복한 결혼생활로 셔우드는 따뜻하고 사랑이 넘치는 마음씨를 지닐 수 있었다.

아버지가 세상을 떠난 후, 그녀는 당시 영국에서 성장해가던 복음주의 운동에 참여했다. 교세를 확장해가던 이 열렬한 교파는 성악설을 주장했으며, 선행의 중요성과 우상숭배에서 세속적 쾌락에 이르는 여러 유혹들을 물리쳐야 함을 강조했다. 셔우드는 이후에 그녀의 입장을 누그러뜨리기는 했으나, 그녀의 모든 경험과 저술들에서 복음주의적 신앙의 색채가 묻어나는 것은 이 때문이다.

인도에서 그녀는 남편의 부대가 인도 북부지방에 산재해 있던 주둔지들을 옮겨다님에 따라 자주 이사를 해야 했다. 군부대에서의 생활은 캘커타와 같은 도시의 그것과는 딴판으로서, 상대적으로 고립된 생활에 물자도 부족했다. 군부대들은 방진 형태로 배치되어, 사병막사와 장교숙소로서 그 경계를 구분했다. 장교숙소는 인도식으로 세워졌다. 즉, 그늘을 만들기 위해 고안된 돌출된 지붕의 단층건물들로서, 이는 인도식 주거형태를 변형시킨 것으로 방갈로(벵골 식을 뜻하는 단어인 방글라(bangla)가 와전된 것)로 알려졌다. 장식 없이 흰 회칠을 한 장교숙소의 방들은 서늘함을 유지하기 위해 천장을 높게 지어 소리가 울렸고, 녹색 덧문을 단 큼지막한 창과 베란다를 통해 군부대, 전원 풍경 혹은 사유지 정원 등을 내다볼 수 있었다. 하인들의 처소는(셔우드 부부는 일상생활에서 하인들의 도움을 받았다) 장교숙소 뒤편에 자리잡고 있었다. 그리고 각 부대에서 그리 멀리 떨어지지 않은 곳에는 사람들로 북적거리는 인도인 마을과 시장이 있었다.

일단 이사한 후 자리를 잡게 되면 셔우드는 일에 몰두했다. 그녀는 자신의 집 베란다에 병사들의 자녀들을 모아놓고 가르쳤다. 성경을 연구했고, 일기 뿐만 아니라 우화들도 꾸준히 써서, 훗날 영국으로 돌아가 작가로서도 명성을 얻게 된다. 그녀는 당시 유행하던 엷은 흰색 드레스에 레이스 달린 모자를 쓰고, 각 부대의 소규모 교회모임과 저녁모임에도 참석했다. 1805년의 성탄절에 그녀는 디나푸르에서 아들 헨리를 낳았다.

하지만 출산 후 몸을 완전히 추스를 틈도 없이, 이듬해에 그녀는 남편의 부대를 따라 베람푸르로 이사를 갔다. 그곳의 주둔지는 그야말로 온통 강과 밀림으로 둘러싸여 있었다. "그 시골지역 전체는 마치 커다란 양조용 통처럼 찌는 듯이 더웠다"고 그녀는 썼다. 이 때문에 그 부대의 영국인들은 기운이 없었고, 허약해졌으며, 창백했다. 그럼에도 그녀는 계속 글을 썼으며 새로운 학교를 세웠다.

셔우드는 풍습대로 자신의 아이들을 위해 인도인 유모와 아야들을 고용했다. 그러나 그녀는 아들 헨리를 아편을 먹여 조용히 시키려 했던 어떤 아야를 내쫓아야 했으며, 또 다른 아야가 한 짓에 대해서는 몹시 흥분하기도 했다. 그 아야는 헨리를 힌두교 의식에 데리고 가서 이마에다가 어떤 부호 같은 것을 그려넣었는데, 셔우드는 그것을 "사탄의 대리인이 아이의 이마에 그려넣은 점"이라고 했다. 그러나 다른 아야들은 셔우드가 만족할 정도로 아이를 잘 돌보았으며, 그것이 마음에서 우러나온 진심이어서 셔우드는 그 따뜻함을 결코 잊지 못했다.

젖을 뗀 헨리는 마르고 창백하며 성마른 성격으로 변해갔다. 당시 헨리를 돌본 아야는 그 전에는 노래를 부르고 춤을 추는 직업을 가졌었는데, 그녀는 자주 헨리를 안고서 베란다를 오가며 몇 시간이고 자장가를 불러주었다. "그녀의 목소리는 감미로웠으며, 그녀만큼 다정한 사람을 본 적이 없다"고 셔우드는 회고했다. 그로부터 몇 년 동안 셔우드는 그녀가 불렀던 노래들을 "내 무릎 위에 잠든 모든 어린아이들에게" 불러주었

한 영국소년이 자신의 아야에게 달려가는 동안, 한쪽에서는 유모가 아기에게 젖을 먹이고 있다. 뒤쪽에는 모기장을 씌운 침대도 보인다. 일반적으로 부유한 가정의 아이는 자신만을 돌보는 아야가 있었으며, 또 다른 하인들의 보살핌도 받았다. 저명한 아동문학가인 메리 마서 셔우드(오른쪽)는 자기 아이들을 보살필 아야들을 고용했지만, 일부 영국인들은 자녀들이 인도인 보모들 때문에 버릇없는 아이가 되지 않을까 걱정했다. 일반적으로 인도인 보모들이 영국인 보모들보다도 더 부드럽고 엄격하지 않은 것으로 알려져 있었다.

다. 그후 헨리를 비롯해 군부대에서 생활하던 모든 아이들이 백일해에 걸렸다. 헨리는 수 주일간을 견뎌냈으나, 눈에 띄게 쇠약해져가고 있었다.

그 기간 중에 셔우드는 헨리의 동생인 루시 마서를 낳았다. 그러나 출산의 기쁨보다 더 큰 슬픔이 뒤따랐다. 어느 일요일 날이었다. 셔우드는 헨리를 데리고 강가로 가서, 강둑의 코끼리들을 보여주며 아이를 즐겁게 해줄 생각이었다. 그러나 그날 늦게 헨리는 극도로 상태가 악화되었으며, 가족들은 헨리를 돌보느라 정신이 없었다. 그러던 어느 순간이었다. 갑자기 "아이가 사랑스런 눈으로 나를 쳐다보더니 미소를 지었다"라고 셔우드는 썼다. 그리고 헨리는 눈을 감았다. 셔우드는 몹시 슬퍼했으나, 보조개가 있으며 졸린 듯한 푸른 눈을 가진 루시에게서 위안을 얻었다. 하지만 이듬해 칸푸르에서 루시역시 몇 달 동안 이질을 앓다가 죽었다. 셔우드는 망연자실했다. 그녀는 절망 속에서 자신이 루시를 지나치게 사랑해서 벌을 받게 된 것이라 믿었다.

셔우드는 "하나님께서는 내가 아이라는 우상도 포기하도록 준비시키는 것만 같았다"라고 썼다.

메리 마서 셔우드는 자녀들의 죽음으로 복음주의 신앙에 더욱 깊이 몰두하게 된 듯하며, 그 선입관들을 받아들였다. 상당수의 복음주의파 신도들은 인도문화를 퇴폐적이고 저급한 것으로, 인도인들을 우상숭배자들로 여겼는데, 그러한 생각은 19세기의 앵글로-인디언들의 태도에 깊은 영향을 미쳤다. 한편으로 셔우드는 인도의 아름다운 자연경관을 감상할 수 있었으며, 인도 주민들을 "가냘픈 체격에, 온순하고, 조용하며, 천성이 공손한" 사람들로 묘사했다. 그러나 다른 한편으로 그녀는 인도문화와 주변 사람들을 놓고 토론을 벌일 때면 거친 말도 서슴지 않았다. 그녀는 힌두스탄 말을 배워 집안 하인들을 부리고 성경의 가르침을 전하기도 했으나, 인도의 학문과 철학은 전혀 익히지 않았다. 비슷한 처지의 다른 여성들과 마찬가지로, 셔우드 역시 지식층이거나 높은 계급에 속한 힌두 교도들을 접해볼 기회가 전혀 없었다. 또한 그녀는 인도의 미술, 특히 힌두 교 성도인 바라나시의 그것에 강한 거부감을 가졌다. "끔찍하며 균형이 맞지 않는 인물상들, 그들의 빈약한 상상력으로 만들어낸 신과 유사한 형상들이, 건물 벽에 그려져 있거나 돌 혹은 나무로 조각되어 어디에나 널려 있다"라고 그녀는 기록했다.

그러나 셔우드는 선행을 통한 구원이라는 교리를 진지하게 받아들여 항상 따뜻한 마음을 지녔으며, 거기에 편견이 끼어들 여지는 없었다. 이를테면 군인가족 문제에서 그랬다. 군인가정의 아내는 영국인이든 인도인이든 본인과 그 자녀들은 일반적으로 비참한 생활을 꾸려갔다. 인도에 주둔한 부대들에 딸린 그들의 숙소는 사병 막사 한쪽 구석에다 칸막이를 쳐놓은 것에 지나지 않아, 아이들('막사의 쥐들'이라 불렸다)이 건강하게 자라기 힘든 불결한 환경이었으며, 아이들이 학대받는 경우도 있었다. 아이들을 위한 학교로는 셔우드가 운영한 것밖에 없었다. 그녀의 학교는 종교적 교훈으로 일과를 시작했고,

비슈누 신을 형상화한 자가나타 상이 거대한 수레 위에 놓인 신전에 서 있다. 이것은 비슈누 신전을 본떠서 만든 것이다. 코끼리를 탄 인도귀족과 영국인 부부의 모습이 보이는 가운데, 힌두 교도들이 연중행사인 라트 야트라(전차 축제) 기간 중에 푸리 시의 거리를 행진하고 있는 모습이다. 열렬한 숭배자들은 스스로 수레바퀴 밑에 몸을 맡김으로써 자신들의 신앙심을 과시하기도 했다.

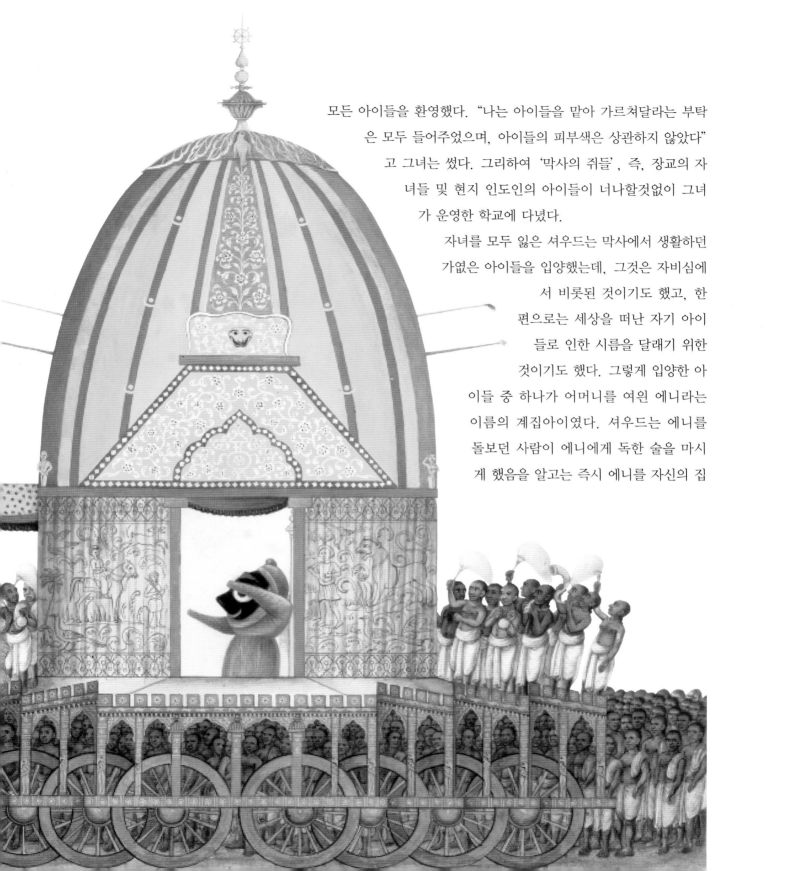

모든 아이들을 환영했다. "나는 아이들을 맡아 가르쳐달라는 부탁
은 모두 들어주었으며, 아이들의 피부색은 상관하지 않았다"
고 그녀는 썼다. 그리하여 '막사의 쥐들', 즉, 장교의 자
녀들 및 현지 인도인의 아이들이 너나할것없이 그녀
가 운영한 학교에 다녔다.

자녀를 모두 잃은 셔우드는 막사에서 생활하던
가엾은 아이들을 입양했는데, 그것은 자비심에
서 비롯된 것이기도 했고, 한
편으로는 세상을 떠난 자기 아이
들로 인한 시름을 달래기 위한
것이기도 했다. 그렇게 입양한 아
이들 중 하나가 어머니를 여읜 에니라는
이름의 계집아이였다. 셔우드는 에니를
돌보던 사람이 에니에게 독한 술을 마시
게 했음을 알고는 즉시 에니를 자신의 집

으로 데리고 왔다. 또 다른 아이는 칸푸르에서 거두어들인 셀리로, 그 아이 역시 어머니를 여읜 후 학대를 심하게 받고 있었다. 셔우드는 일단 셀리의 상태를 의사에게 보여주기 위해 데리고 왔으나, 두 살짜리 셀리가 굶주리고 있었음을 알고는 격분한 나머지 자신이 직접 셀리를 보살피겠다고 나섰다. 다행히도 셀리는 차츰 건강을 회복했다. 셔우드는 기금을 조성해 막사의 고아들을 돌보았으며, 아이들을 위한 옷을 만드는 데에도 돈을 보탰다.

칸푸르에서 보낸 셔우드의 일상은 바쁘면서도 독특한 것이었다. 부대막사는 넓고 응달져 있었으나, 아름다운 정원이 딸려 있었다. 거센 열풍이 부는 초여름에는 바깥쪽 문과 창문들을 모두 닫아두어야 했으며, 태티(베티베리아 향초를 엮어 만든 발로서 하인들이 이것을 물에 적셨음)를 바람이 불어오는 쪽에 쳐서 공기를 식혔다. 남편과 아내는 아침이 되면 동굴 같은 막사에서 일했는데, 그것은 "한낮의 햇빛을 좋아하는 사람이라면 거의 어둠 속이라 할 만한 환경이었으며, 실내에서는 펀카가 찰각거리는 단조로운 소리가, 바깥에서는 열기를 간직한 바람소리만이 답답하게 들려왔다." 오후 1시가 되면 야채를 넣어 만든 카레로 점심식사를 했다. 식사 후에는 모든 사람들이 휴식을 취했다. 오후 4시에 커피를 마시고, 목욕을 했으며, 옷을 갖추어 입었다. 저녁 6시 무렵이면 대개는 열풍이 잦아들어서 하인들은 태티를 걷고 문을 열었으며, 셔우드의 가족은 저녁에 마차를 타고 바람을 쐬러 가거나 베란다에 앉아 휴식을 취했다. 무도회나 카드놀이는 없었으며, 오락거리라고 할 만한 것은 거의 없었다.

그러나 독서와 글쓰기가 있었다. 메리 마서 셔우드는 일기를 썼다. 이외에도 종교관련 소책자와 시대 분위기를 잘 반영한 이야기들을 남겼다. 그녀가 쓴 착한 아이와 나쁜 아이 그리고 상벌에 관한 우화는 장면마다 날카로운 관찰력이 돋보였으며, 등장인물들이 마치 살아 있는 것처럼 생생하게 묘사되어 날개 돋친 듯 팔려나갔다. 인도에서 생활했던 대부분의 영국여성들과는 판이하게, 그녀의 삶은 무척 고달픈 것이었다. 그녀는 진정한 복음주의의 방식으로 스스로 배우고 깨우쳤으며, 타인들의 처지를 향상시켰다.

1809년 8월에 메리 마서 셔우드는 다시 딸을 낳았으며, 아이의 이름은 루시 엘리자베스였다. 이전에 딸 루시가 죽자 군의관이, 다음에 아이를 낳게 되면 무조건 영국으로 데려가야 살릴 수 있을 것이라고 말한 적이 있었다. 다정다감한 부부였던 셔우드와 남편 헨리는 할 수 없이 별거를 준비해야 했다. 10월에 그들은 갠지스 강과 후글리 강을 따라 내려오는, 칸푸르에서 캘커타에 이르는 한 달간의 여행길에 올랐고, 도중에 에니와 셸리를 믿을 만한 사람들에게 맡기고 모녀는 영국행 배에 오를 예정이었다.

그러나 캘커타에 도착한 이들 부부는 떨어져 살아야 한다는 현실을 받아들일 수 없었다. 그들은 밤중에 의논을 했다. "그는 무척 슬퍼했고, 내가 떠나는 현실을 절대로 받아들일 수 없다고 했다"고 그녀는 썼다. 그래서 메리 마서는 루시를 캘커타에서 가장 유명한 의사들에게 보여서, 그들의 의견이 군의관과 같은지를 알아보자고 남편에게 제안했다. 그들의 생각은 군의관과는 달라서, 루시가 몇 년 동안 인도에 머무는 편이 좋겠다는 소견을 내놓았다.

셔우드 부부는 그 말을 듣고 몹시 기뻐하며, 다시 한번 강을 따라 집으로 돌아오는 여행길에 올랐다. 인도에서 가장 빠르고 안전하고 편안한 이동방법은 거미줄처럼 얽힌 거대한 강들을 이용하는 것이었다. 셔우드 대위가 속한 연대와 같은 부대들은 수로를 이용해 주둔지를 이동했으며, 병사들과 그 식구들, 무기, 가축 및 군량이 모두 함께 움직였다. 이번에는 셔우드 부부는 딸 루시, 하인 및 뱃사공들만을 대동하고 여행했으며, 칸푸르의 집으로 돌아가는 그 여행은 구불구불한 강을 16주간 천천히 거슬러올라가는 여유로운 것이었으므로, 일종의 신혼여행처럼 되어버렸다.

강을 통한 여행은 영국령 인도에서 경험할 수 있는 즐거움 가운데 하나였다. 버저로 혹은 피니스라는 집배가 있어서 여행은 한층 즐거웠다. 그러한 집배들은 돛을 이용하거나 댄디라 불린 사공들이 노를 저어 움직였는데, 둘 다 그 배치에는 큰 차이가 없었다. 선미 쪽에 방이 세 개 있었고, 뱃머리 쪽으로 베란다가 하나 있었으며, 대략 가로 5m 세로 4m 정도의 홀 혹은 거실이 하나, 침실 하나가 있었다. 그 방들 앞쪽의 갑판은 댄디들을 위한 공간이었다. 뱃머리에는 키잡이가 있어 키를 잡았고, 그 뱃머리에 한 사람이 더 서서 긴 노를 이용해 강의 수심을 살폈다. 뱃머리는 새나 물고기 모양으로 조각해 꾸몄다.

셔우드 부부가 탄 집배는 그들 부부를 포함해 루시의 보모와 같은 가까운 하인들을 태우고 가기 위해 마련된 것이었다. 그리고 집배 몇 척과 요릿배 한 척이 뒤따랐으며, 그들 배에는 포도주, 밀가루, 통에 담은 염분 버터, 닭, 염소 따위가 실려 있었다. 배와 배 사이를 이동하는 데 이용하는 조그만 나룻배 한 척도 뒤따랐다. 셔우드 부부는 온종일 강을 거슬러올라가며 글을 쓰거나 독서를 하곤 했으며, 지나쳐가는 인도의 풍경을 감상하기도 했다. 맨 처음 그들은 순다르반스로 알려진 갠지스 강 삼각주의 정글 지대를 통과했는데, 그 지역은 악어, 물뱀뿐만 아니라, 물수리, 따오기, 황새, 물총새 등이 득실거렸다. 이따금씩 원숭이들이 나뭇잎 사이로 얼핏 보이기도 했다. 밤이 되면 셔우드 부부는 재칼이 울부짖는 소리를 들을 수 있었으며, 비록 배가 강 중앙에 정박해 있을 때이기는 했지만 호랑이 소리를 들은 적도 있었다.

해질 무렵이면 셔우드 부부 일행의 배들은 닻을 내리고 육지에 올랐다. 다만 요릿배의 하인들만이 배에 남아 셔우드 부부의 저녁식사 준비를 했다. 인도인 하인들은 몇 무리로 나뉘어 저녁식사를 마련하기 위해 불을 지폈다. "같은 카스트에 속한 자들이나 가족끼리 무리를 이루어서, 각각 요리할 자를 선정했다. 그들은 쌀 주머니와 요리에 필요한 모든 것들을 꺼내어, 지체 없이 요리를 하기 시작했다." 한편, "도비는 배에서 간단한 도구를 가져와 강가에서 주인의 아마포 옷을 빨기 시작했다. 또 다른 하인 하나는 염소들을 아래 그림은 인도 동북부 차프라 시의 어느 유럽 식 저택으로서, 조경이 된 잔디밭과 정원을 말리(인도인 정원사)들이 돌보고 있다. 인도 각 지역에 흩어져 살고 있던 부유한 앵글로-인디언들은 캘커타의 부유한 영국인들 소유의 '대리석 궁전들'을 본떠서 자신들의 저택을 짓는 경우가 종종 있었다.

상륙시켜 강둑에서 풀을 먹였으며, 하인 중 우두머리는 먹을거리를 찾아 가장 가까운 거리에 있는 시장으로 달려갔다"라고 셔우드는 기록하고 있다.

셔우드 부부는 아마도 간단히 산책을 한 후에, 식탁보, 컷글라스로 만든 식기 및 사기그릇 등으로 세팅된 식사를 위해 되돌아왔을 것이다. 그것은 장차 메리 마서 셔우드가 오래도록 잊지 못할 낭만적인 추억의 하나로서, 그녀의 남편뿐만 아니라 딸 루시와도 함께했던 시간들이었다. 셔우드는 루시를 가지게 된 것에 진심으로 감사했다. "그 아이에게서 먼저 떠나보냈던 아이들 모두를 되찾은 듯했다."

장인들이 실을 자아내어 베를 짜는 가운데(그림 앞쪽),
그 기술을 처음으로 세상에 전한 것으로 알려진
신화 속의 인물 이드리스(나무 아래 앉은 사람)가 완성된
두루마리 옷감을 받고 있다. 직물기술은
기원전 3000년에서 2000년 사이에 인도의
장인들이 최초로 완성한 것으로 추정된다.

이 초상화는 1765년에 그려진 것으로서,
동인도회사의 존 푸트 대위가 착색한
명주실과 은실로 수놓은 무명 가운을
입고 인도식 복장을 하고 있다.

| 바람을 짜서 만든 실 |

영국인들이 초기에 인도로 오게 된 것은 향신료 무역을 위해서였으나, 얼마 지나지 않아 직물이 주요 수출품목이 되었다. 손으로 짜는 베틀과 물렛가락을 이용해 5,000년 역사를 이어온 인도의 베틀 장인들은 매우 섬세한 직물을 생산해, 19세기의 어느 영국인은 인도의 직물을 "인간이 짠 것이라기보다는 요정이나 곤충들의 작품"이라고 했다.

벵골의 직조공들은 '바람을 짜서 만든 실'이라고 묘사된 방사(紡絲)를 이용해 섬세한 모슬린을 생산했는데, 그것은 너무나 가늘어서 '흐르는 물'이나 '저녁이슬'로 불렸다. 인도북부의 바라나시 시에서 생산된 실크 능라는 금이나 은실로 번쩍였다. 카슈미르 지방에서는 산양의 안쪽 털을 이용해 커다란 숄(얼마나 섬세하게 짜여졌던지 반지 사이를 통과할 정도였다)을 생산했는데, 산양은 히말라야 정상에 있는 관목에다 몸을 비벼 그 털을 남겼다. 인도 사라사 무명(장인이 손으로 물을 들이거나 날염을 한 옥양목)은 빨면 빨수록 화사해 보이는 색상으로 유명했다.

인도산 직물의 인기가 영국 전역을 휩쓸면서, 유럽으로부터의 금은 유출이 심각한 지경에 이르렀다. "가장 훌륭한 멋쟁이들에서부터 가장 비천한 가정부들에 이르기까지, 몸치장을 하는 데 인도에서 들여온 직물만큼 알맞은 것도 없다고 생각했다"라며 1681년에 영국의 어느 정치인이 불평했다. 높은 수입관세를 부과했음에도 불구하고 인도산 직물은 영국의 직물제조업을 위협했다. 어느 영국인은 "유럽의 피로 야시아를

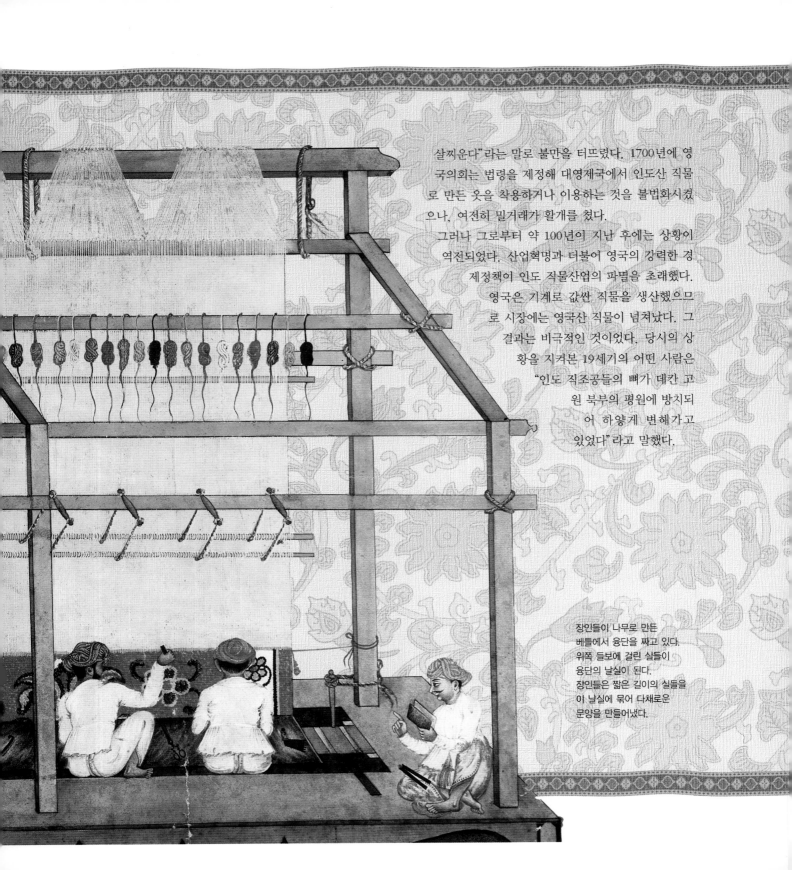

살찌운다"라는 말로 불만을 터뜨렸다. 1700년에 영국의회는 법령을 제정해 대영제국에서 인도산 직물로 만든 옷을 착용하거나 이용하는 것을 불법화시켰으나, 여전히 밀거래가 활개를 쳤다.

그러나 그로부터 약 100년이 지난 후에는 상황이 역전되었다. 산업혁명과 더불어 영국의 강력한 경제정책이 인도 직물산업의 파멸을 초래했다.

영국은 기계로 값싼 직물을 생산했으므로 시장에는 영국산 직물이 넘쳐났다. 그 결과는 비극적인 것이었다. 당시의 상황을 지켜본 19세기의 어떤 사람은 "인도 직조공들의 뼈가 데칸 고원 북부의 평원에 방치되어 하얗게 변해가고 있었다"라고 말했다.

장인들이 나무로 만든 베틀에서 융단을 짜고 있다. 위쪽 들보에 걸린 실들이 융단의 날실이 된다. 장인들은 짧은 길이의 실들을 이 날실에 묶어 다채로운 문양을 만들어냈다.

오른쪽의 18세기 유럽 식 드레스는 인도 동남부의 코로만델 해안에서 난 사라사 무명을 착색하고 염색해서 만든 것이다. 옷의 문양은 가는 강철선으로 만든 솔을 이용해 손으로 직접 그려넣었다. 이보다 값이 싼 사라사 무명은 위의 그림에서처럼 날염장인들이 생산했다. 그림은 염료를 적신 나무토막을 직물 위에다 대고 찍는 장면.

2월에 그들 부부는 미르자푸르에 도착해, 그 곳에서 판사와 시장을 겸했던 조지 리케츠의 집에 머물렀다. 리케츠 부부의 자녀들 중 서너 명은 영국에서 학교를 다녔고, 네 명은 집에서 같이 살았는데, 그들은 웅장한 저택에서 각자 자신들만을 위한 방을 차지했다. "그 저택에 사는 아이들은 각기 최소한 두 명의 하인들을 거느렸으며, 그 하인들을 모두 관리하는 사람은 어느 하사관의 미망인인 백인여성이었는데, 그녀는 키와 몸집이 크고, 잘난 체하기를 좋아했으며, 옷은 화려하게 차려입고, 많은 급료를 받았다"고 메리 마서 셔우드는 적고 있다.

리케츠 부부의 여섯 살 난 딸 루이자는 영국으로 가지 않고 집에서 함께 살았는데 항상 하인들의 시중을 받았으며, 하인들은 그 아이의 온갖 응석과 투정을 다 받아주었다. 루이자는 규율이라고는 전혀 몰랐다. "그 아이는 읽기와 쓰기조차도 배우지 않은 상태였으며, 일을 맡아 해본 적이 한 번도 없었다"라고 셔우드는 냉정하게 기록했다. 어른들이 대화라도 할라치면, 루이자는 그들 사이에 끼어들어 물구나무서기를 했다. 하는 수 없이 아이 부모는 "코이 하이(거기 누구 없나)!"라고 소리쳐 하인들을 호출했고, 루이자는 그들에게 이끌려 나가면서도 발길질을 해대며 웃었다.

또한 셔우드는 리케츠 부부의 자녀들이 대부분의 앵글로-인디언 아이들과는 달리 살이 쪘으며, 건강상태가 좋아 보였다는 점에도 주목했다. 한번은 루시의 건강에 관한 하사관 미망인의 조언에 만족하지 못한 셔우드가 매우 걱정스런 표정으로 리케츠 부부 자녀들을 돌보는 늙은 보모의 의견을 물어보았다. 그 보모는 아이의 이가 완전히 다 날 때까지 아이를 유모에게 붙여주는 것이 좋겠다고 말했다. 루시를 맡은 유모는 그것이 무척 힘든 일이라 생각했겠지만, 셔우드는 늙은 보모의 말에 따라 그 집에 머무는 동안 루시를 유모에게 맡겼다.

사실 셔우드 부부는 리케츠 부부의 저택에 도착하기 얼마 전에, 갠지스 강에서 또 다른 영국인 가족을 만났다. 그들은 관례대로 모두 멈추어서 인사를 나누었다. 그 배에는 그동안 셸리를 맡아서 돌보아오던 가족이 타고 있었다. 그들은 셸리에게 자신의 불우한 환경도 소중한 것이라는 점을 일깨워주기 위해 일부러 냉정하게 대했다. 그들은 심지어 셸리가 입고 있던 예쁜 모슬린 드레스를 싸구려 사라사 무명으로 만든 길고 헐거운 소매의 옷으로 갈아입혀 놓았다. 셔우드 대위는 그와 같은 복장의 셸리를 발견하고는, "그 아이의 자그마한 얼굴은 온통 근심으로 가득 차 있었다"라고 했다. 셔우드 대위가 셸리를 받아 아내인 메리 마서의 품에 안겨주자, 셸리는 매우 행복해했다. 셔우드 부부는 에니도 찾아야 했으나, 그 아이는 새 가정에서 잘 지내고 있으며 사랑받고 있음이 분명했다.

그러나 메리 마서 셔우드는 아이 둘만으로는 결코 만족할 수 없었다. 그리하여 1816년, 셔우드 부부가 영국으로 귀국할 결심을 굳힐 무렵에는 어느새 자녀의 수가 일곱 명으로 늘어나 있었다. 즉, 그로부터 10년 전에 영국에서 온 그들 부부의 장녀, 루시, 인도를 떠나기 몇 년 전에 그들 부부 사이에서 난 세 명의 아이들, 그리고 입양한 고아가 두 명이었다. 셔우드는 그녀가 가정을 찾아주었던 군인가정의 자녀들과, 또한 열심히 일한 덕분에 공공고아원 한 곳을 인도에 남기고 떠날 수 있었다. 그것은 셔우드 가족으로서는 여러 가지 면에서 슬픈 작별이었다. "이 가엾은 아이들은 자신들이 태어난 나라를 떠나게 되었다. 그 아이들은 당시에 영어를 거의 몰랐으며, 대화는 전부 힌두스탄 말로 했고, 그들이 접해본 사람들은 모두 동양사람들이었다"라고 메리 마서는 인도출신 아이들에 대해 이야기했다. "힘든 것은 우리 아이들뿐만이 아니었다. 나 역시 인도를 떠나는 것이 두려웠다. 나는 오래도록 그 나라를 사랑해오고 있었던 것이다"라고 그녀는 고백했다.

셔우드는 아이들을 돌보는 한편(남편과 함께 오래도록 기숙학교를 운영했다), 아동들을 위한 글을 쓰며 여생을 보냈다. 그녀는 나이를 먹어가면서 종교적·문화적 입장이 유연해졌다. 그녀는 더 이상 인도인들이 "내가 생각하는 것과 같은 선악 개념에 따라 살아야"한다고는 생각하지 않았다. 사실 그녀는 인도에서 생활할 때조차도 이따금씩 자신의 문화적 편견들을 접어둔 채 주위의 인도인들과 희로애락을 공유했었다. 셔우드는 자신의 죽은 아들을 위해 함께 슬퍼했던 인도인 보모를 기억했다. "그것은 강렬한 인간애를 느낀 순간이었다. 그 자리에서는 국적, 피부색 및 계급의 구분이 완전히 사라졌으며, 오로지 두 사람 사이에 공통적인 인간 본성에 대한 느낌만이 남았다"라고 셔우드는 기록하고 있다.

19세기가 무르익으면서 인도에서의 영국의 지배력이 강화된 동시에 영국출신 주민의 수도 증가했다. 그사이 무굴 제국은 점차 영향력을 잃어 그 영토가 델리 주변지역으로 국한되었으며, 독립군주들도 차례차례 영국에 종속되어갔다. 인도인들에 대한 영국인들의 태도는 지속적으로 변했다. 찰스 콘

월리스 총독 재임시절부터 시작해 그 후임 총독들은 줄곧 상호협력의 문호를 닫았다. 이슬람 교도들이 얼마간 충성을 바치긴 했으나, 인도인들의 식민지 정부로의 참여는 철저히 최소한의 범위로 제한되었으며 사회적 교류 또한 미미했다. 영국인들은 모든 인도인들을 열등한 피정복 국민으로 여기고 그에 맞추어 대접하기 시작했으며, 그것은 영국의 지배력 유지와 더불어 불간섭의 고수를 식민지 정책으로 삼는 것에서도 나타났다. 거기에다가 비기독교도에 대한 혐오와 복음주의 운동의 확산으로 영국인 특유의 우월의식은 커져만 갔다.

그러나 변화는 점진적이었지만 확연히 나타났다. 그것은 특히 영국에서 인도로 온 많은 여성들, 즉 멤사히브들 사이에서 두드러졌다. 19세기 초만 해도 힌두스탄 말을 배워서, 제나나(규방)에 격리되어 생활하던 인도여성들을 친구로 사귄 영국여성들이 간혹 있었다. 그러나 1810년에 처음으로 캘커타에 온 그레이엄 부인과 같은 사람은 이전에 봄베이에서 살 때와는 달리 그곳

아편의 유혹

"청나라 조정이 아편을 금함에 따라, 은밀한 방식으로만 중국에 아편을 보급할 수 있다"고 1760년대에 개최된 동인도회사 이사회는 기록하고 있다. 그러나 중국 법을 어기는 것에 대한 이러한 우려는 곧 사라졌다. 중국에 아편을 팔면 이윤이 매우 많이 남아, 영국이 중국에서 수입한 엄청난 양의 차 값을 지불하는 데 도움이 되었던 것이다.

인도인 일꾼들은 매년 11월에 동인도회사 소유의 들판에 양귀비 씨앗을 뿌린 후, 3월경에 양귀비 씨앗의 머리부분을 베어서 생아편을 수확했다. 그리고는 점착성의 양귀비 수액을 가공공장으로 보내어, 0.9kg짜리 공 모양의 덩어리로 만들어 양귀비 잎으로 감쌌다. 왼쪽 그림은 약 30만 개의 양귀비 덩어리를 저장한 거대한 창고에서 일꾼들이 아편을 건조시키기 위해 선반 위에다 덩어리들을 쌓는 모습을 그린 것이다. 그들은 벌레와 곰팡이를 막기 위해 정기적으로 아편 덩어리들을 열어서 먼지를 털고 검사를 한 후에, 나무상자에 담아 중국으로 보냈다. 증가하는 아편 중독자의 수에 놀란 청나라 조정은 칙령으로 아편수입을 금했으나, 부패한 청나라 관리들은 아편수입을 묵인했다.

에서는 인도인 가족들을 친구로 사귈 수 없음을 알고 우려를 표시했다. "내 생각에 이런 식으로 민족들이 섞이면 민족적 편견들이 완화되는 것이 정상이다. 그러나 적어도 영국인들 사이에서는 정반대의 결과가 나타나는 것으로 보인다"고 그녀는 썼다. 적어도 1830년경까지는 멤사히브들은 하인들을 제외하고는 인도인들과 거의 접촉하지 않았으며, 인도에서 만든 의복을 착용하는 것도 저급한 취향으로 여겼다. 당시 마드라스의 한 영국여성은 인도와 인도인들에 대해 어떻게 생각하느냐는 질문을 받고 다음과 같이 대답했다. "할 말이 전혀 없어요." 그녀는 당연하다는 듯이 덧붙였다. "다행히도 저는 그들에 대해 전혀 몰라요. 그들에 대해서 보고 아는 것이 적으면 적을수록 좋다고 생각해요."

하지만 모든 영국인들이 그랬던 것은 물론 아니다. 당시 인도를 통치하던 빅토리아 시대 중산층의 편견과 인습을 거의 지니지 않은 영국인들도 일부 존재했다. 일부는 인습에 구애받지 않았던 귀족들이었으며, 더러는 패니 파크스처럼 그저 강하고 독립적인 사람들도 있었다. 패니의 남편 찰스 파크스는 1826년부터 1845년까지의 기간 대부분을 알라하바드(인도 중북부에 위치하고 있으며, 갠지스 강과 야무나 강이 합류하는 지점에 위치하고 있다)에서 관세 징수관으로 근무했다.

패니의 아버지는 육군장교였고, 남편 찰스의 집안은 대대로 인도에서 근무한 전통이 있어서 그들 부부는 인도 곳곳에 친구들이 많았다. 패니 파크스는 쉼없이 여행을 다녔고, 모험을 즐겼으며, 말타기에 능했던 여성이었기에 그것은 매우 다행스러운 일이었다. 그녀는 과학, 음악, 수공예 및 외국어에 관심이 많았다. 하지만 무엇보다도 그녀가 사랑했던 것은 인도의 로맨스로서, 그것은 인도의 전설적인 풍광과 극적인 날씨, 몰락해버린 위대함과 다채로운 현재가 함께 어우러져 빚어내는 것이었다.

열대지방 생활의 어려움조차도 패니 파크스의 용기를 꺾지는 못했다. 다른 모든 사람들과 마찬가지로 그녀 역시 무더운 계절에는 고생을 했으나, 최신의 발명품들(그리고 57명의 하인들)을 이용해 더위를 극복했다. 그녀는 펀카와 태티를 설치하고 벽을 초록색을 띤 회색으로 칠하여 열기를 식혔을 뿐만 아니라, 아마도 사람을 동력원으로 하는 실내냉각기(thermantidote)라 불린 공기 냉각장치를 최초로 설치한 사람들 중 하나였을 가능성이 높다. 그녀가 어머니에게 말한 것처럼, '바라보기에 웅장한' 구조로 이루어진 이 실내냉각기는 거대한 원통형으로서, 측면에는 적신 태티를 끼워넣었으며 안쪽에는 커다란 회전 부채들이 달려 있었다. 그러한 실내냉각기는 깔때기 모양의 통풍통이 방으로 돌출된 채로, 집의 외벽을 마주보고 서 있었다. 하인들이 냉각기의 태티를 적셨으며, 부채를 움직이게 하는 손잡이를 돌려서 냉각된 공기를 집 안으로 불어넣었다.

그러나 성가신 열대지방의 벌레, 뱀 및 짐승들에 맞서는 대처법도 있었다. 모기를 막기 위해 침대에는 망을 쳤으며, 숙녀들은 약식 야회복 밑에 캔버스 장화를 신어 다리를 보호했다. 그리고 가구의 다리를 물이 담긴 자그마한 함지박에 담가 흰개미의 공격을 막기도 했는데, 흰개미는 아주 흔했으며, 가구, 책, 의류 따위를 마구 갉아먹었다. 그러나 흰개미들이 떼지어 몰려오면 대책이 없었다. "소나기가 내린 후 특정 시간대가 되면 흰개미들은 커다란 네 날개를 펼친 채 땅속에서 올라왔다"고 파크스는 썼다. 흰개미들은 램프 근처에 떼지어 모여들어, 불과 몇 분 안에 램프의 불빛을 완전히 가려버리기도 했다.

밤이 되면 나방 떼들이 극성이었고, 호두알 크기의 쇠똥구리도 있었으며, 무엇보다도 역겨운 것은 방귀벌레였다. 파크스는 자신의 일기에, "그것들은 밉살스럽다. 얼굴과 팔에 날라와 앉고, 접시에 앉을 때도 있다. 그것들은 털어버리면 아주 끔찍한 악취를 내뿜어 더욱 괴로우며, 사람들은 자기 몸 위에 그것들이 기어다니는 것을 참을 수 없다. 지금 이 순간에도 한 마리가 내 귀 위를 기어다니고 있다"고 적었다.

패니 파크스는 이와 같은 이국적인 것들을 과학적 탐구정신으로 수집했다. 알라하바드에 있던 그녀의 방갈로는 일종의 자연사 박물관이 되어버렸다. 남편 찰스는 이에 대해 이렇게 담담히 적었다. "아내는 박제술 관련 서적을 탐독하고 있으며, 게다가 우리는 여러 전시물들을 잘 정리해 구비하고 있는데, 여기에는 호랑이와 하이에나의 두개골, 악어의 온전한 뼈대, 포도주에 담긴 작고 귀여운 애완동물, 새끼악어의 껍질과 나머지 모든 부위 등이 있다." 거기에다가 "코브라, 전갈, 도마뱀, 노래기, 지네 그리고 이름을 알 수 없는 것들을 담은 '공포의 병'이" 있었다. 찰스는 조용히 시가를 피우며 말을 이어갔다. "나는 마치 매일매일 경탄의 대상인 그 병 속에 담긴 무리의 하나인 양 여겨져 행복했다!"

인도의 모든 것이 패니 파크스의 관심을 끌었다. 파크스는 힌두스탄 어와 페르시아 어를 익혔으며, 인도의 현악기인 시타르를 배웠다. 그녀는 통증에 아편을 이용해본 다음에는, 아편이 진통효과가 있을 뿐만 아니라 기분도 좋

등과 가슴에 깊이 박힌 갈고리에 매달린 다섯 명의 남자들이 종교제전 중에 군중들에게 사탕과자와 꽃을 던져주고 있다(위). 이 장면을 그린 패니 파크스는 그들 중 한 사람을 묘사하기를, "다량의 아편과 뱅(혹은 방이라고도 하며, 독주의 일종)으로 매우 흥분한 상태여서 고통을 느끼지 못했다"고 했다. 또한 그녀는 코끼리 싸움(오른쪽) 장면도 그렸는데, 그림에서는 몰이꾼 하나가 깔려 죽어 있다.

아지게 한다(또한 평상시보다 훨씬 말이 많아진다)는 사실을 알았다. 구장 잎을 씹어본 다음에는, 그것이 '아주 상쾌한' 것임을 알았다. 또한 그녀는 인도음식을 사랑했다.

대부분의 유럽 인들과 마찬가지로 그녀 역시 극단적인 힌두 교 의식들에 매료되었다. 그러한 의식들에는 남편의 장례식 화장용 장작더미 위에 미망인을 올려놓아 태워 죽이는 수티와, 여신 칼리를 기리기 위해 생사람을 죽여야 하는 서기(thuggee) 등이 있었다. 수티가 흔한 의식은 아니었으므로 파크스는 한 번도 직접 목격하지는 못했으나, 그녀는 수티가 거행된 강둑에 있던 몇몇 무덤을 보고 추측해서 그림을 그렸다. "커다란 무덤을 보유한 가문에서는 그것을 손질하고 잘 보존했으며, 자신의 가문에서 단 한 사람이라도 수티가 된 여성이 나왔다는 사실

을 매우 자랑스럽게 여겼다"고 파크스는 기록했다.

파크스는 서기와 관련해 그녀가 알아낼 수 있었던 모든 것들을 기록해두었던 듯한데, 벵골 군대의 윌리엄 슬리먼 대위는 당시에 서기 의식을 금지시켰다. 또한 당시에는 사람을 갈고리에 매다는 의식도 치러졌는데, 이는 파괴의 신 시바에게 바치는 참회의식이었다. 광신자들은 자신의 가슴과 어깨뼈를 쩬 줄에 매달려 있었고, 중앙의 장대가 회전을 하면 그들은 공중에서 원을 그리며 돌았다. 파크스는 "나는 무척 혐오감을 느꼈으나, 흥미롭기도 했다"고 차분히 기록하며, 그 장면을 관찰했다.

무엇보다도 패니 파크스는 여행을 즐겼으며, 이따금씩 하인들을 거느리지 않고 혼자 다니는 경우도 있었다. 파크스가 알라하바드로 온 지 10개월 가량이 지났을 때였다. 한 친구가 그녀를 북쪽의 러크나우로 초대했는데, 인도주둔 영국군 총사령관인 컴버미어 경이 방문하기 때문이라고 했다. 그녀는 지체 없이 친구의 초대를 받아들였다. 사람들은 너나없이 러크나우 구경을 원했으며, 그곳에서는 오우드의 나와브가 여전히 화려한 무굴 식의 생활을 하고 있었다. 러크나우의 총독대리, 즉 최고위 관리는 도심 중심에 위치한 건물에서 업무를 보았는데, 그곳은 면적이 약 4만 1,000여 평에 달했으며 벽으로 둘러싸여 있었다. 총독대리 공관은 영국과 보호동맹을 맺은 인도군주들의 모든 도읍지들에 존재했으나, 러크나우의 공관은 그 규모가 확연히 달랐다. 러크나우 공관부지는 공관 자체가 차지한 면적이 어마어마했으며, 공관건물도 무척 웅장해서 잔디밭과 정원은 잘 보이지도 않았으며, 그 자체가 사치의 결정판이었던 구시가지의 둥근 지붕과 누대들을 내다볼 수 있었다. 공관의 벽을 마주보고 옹기종기 모여 있던 가난한 지역들은 대체로 골목길과 시장이 미로처럼 얽힌 모습을 하고 있었다. 그러나 고마티 강이 북쪽으로 흘렀으며, 강가에는 오우드 나와브의 웅장한 궁전이 자리잡고 있었다. 그 궁전에는 화려한 정원들이 통풍이 잘되도록 만든 무굴 식의 커다란 천막과 함께 어우러져 있었다. 궁전의 출입문은 여러 층으로 이루어져, 맨 꼭대기 층에서는 군악대가 북을 치며 방문 중인 고관들을 맞이했다. 궁전 내부를 살펴보면, 번쩍이는 금박의 둥근 지붕 아래에는 거대한 아치가 있는 방들과 아치 모양 천장의 홀들이 있었다. 궁전 어디를 가나 오우드 왕조를 나타내주는 표장인 물고기 모양의 상징물들을 볼 수 있었다.

오우드 나와브는 풍족한 왕실을 꾸려갔으나, 사멸해가던 무굴 제국의 일부 인재들은 이미 왕실을 등지고 떠난 후였다. 러크나우는 약재, 미술(특히 서예), 음악 및 춤이 유명했다. 가장 볼 만한 것으로는 러크나우의 동물싸움이 있었다. 오우드의 역대 통치자들은 엄청난 규모의 동물원을 운영했다. 고마티 강 건너편에 있던 왕실소유의 축사에서는 150마리의 시합용 싸움 코끼리들을 길렀다. 오우드 나와브는 코끼리 이외에도 시합용의 싸움 호랑이, 코뿔소, 낙타(대개는 시합용이 아니었으므로 특별히 훈련시켜야 했다), 말, 수탉, 메추라기 따위를 길렀다. 패니 파크스는 무척 기대를 하고 있었다.

그녀는 우선 총독대리 공관에 머물렀다. 당시의 총독대리는 그녀의 오랜 친구로서, 그는 공식 파티 참석자 명단에 파크스의 이름을 올려놓음으로써 파크스는 오우드 나와브가 컴버미어 경을 위해 베푼 공식조찬에도 참석할 수 있었다. 조찬 후에 총독대리 공관에서의 파티는 방으로 자리를 옮겨서 치러졌다. 먼저 선물을 담은 쟁반을 바닥에 펼쳐놓고 내빈들이 서열에 따라 선택을 했다. 파크스는 그중 두 개의 쟁반을 가졌는데, "첫번째 쟁반에는 카슈미르 산 숄 몇 짝, 인도산 모슬린 더미와 금으로 만든 킴크왑이라는 옷감이 들어 있었다. 다른 쟁반에는 진주를 꿴 줄, 보석, 팔찌 및 기타 아름다운 인도 고유의 보석들이 담겨져 있었다." 그러나 동인도회사는 당시 선물에 대한 엄격한 규정을 마련해놓고 있어서, 모든 선물들은 사후에 동인도회사의 금고에 보관되었다.

파크스가 진정으로 구경하고 싶었던 것은 동물들이 벌이는 싸움이었다. 다행히도 러크나우에서는 오전에 그런 시합이 많이 벌어졌다. 그녀는 메추라기 싸움이 무척 흥미로운 것이라는 사실을 처음 알았다. 암컷을 근처에 둔 채로 조그마한 수컷 메추라기 두 마리를 탁자 위에다 올려놓으면, "수컷들은 즉시 다투기 시작해 맹렬히 싸웠다. 이윽고 두 녀석 중에서 작은 녀석이 밀려나면서 완강히 버티다가 탁자에서 내 무릎으로 떨어졌다"고 파크스는 기록했다.

파크스가 그때까지 한 번도 구경해보지 못한 것은 러크나우 왕실의 제나나였다. 그러나 파크스는 곧 그런 제나나들을 충분히 살펴볼 수 있는 기회를 얻을 수 있었다. 제나나 가운데에서도 파크스의 흥미를 가장 끈 것은 바이자 바이 여왕의 규방이었다. 그것은 파크스가 힌두 교에 호의적이었기 때문이기도 했고, 한편으로는 강인한 여성들을 존경했기 때문이기도 했다.

괄리오르의 여왕 바이자 바이는 남편의 죽음을 계기로 권력을 장악했다. 그러나 1833년에 백성들이 반란을 일으키자 영국에 도움을 요청한 후, 1835년경에는 사실상 영국정부의 포로 신세로 전락해 있었다. 그런데 우연히도 파크스의 친척 중에 파테가르에서 판사로 재직하던 사람이 있었고, 바이자 바이 여왕은 파테가르 근처의 공들여 만든 막사에서 생활하고 있었다. 파크스는 파테가르를 방문했고, 곧 여왕의 막사에서 환대받는 손님이 되었다. 그 것은 파크스가 힌두스탄 말을 유창하게 구사할 수 있었으며, 인도예법을 존중했고, 영국여성들에 대한 여왕의 호기심을 충족시켜주었기 때문이었음은 두말할 필요가 없다.

여왕은 가디(gaddi. 화려한 수를 놓은 방석)에 앉아 있었으며, 많은 시녀들이 그 곁을 지키고 있었다. 그리고 시녀들 중 한 명은 칼을 차고 항상 여왕을 따라다녔다. 바이자 바이 여왕의 손녀인 가자 라자 사히브 역시 시중을 들고 있었다. 그녀가 지닌 직함은 남성적인 것으로서 인도에서는 드문 것이었으나, 바이자 바이 가문의 여성들은 대개 그러한 직함을 지녔으므로 이상할 것은 없었다. 바이자 바이 여왕은 몸집이 컸으며, 반백의 머리에다가 상냥한 미소와 더할 나위 없이 매력적인 목소리를 지닌 여성이었다. "나는 그녀의 풍모에서 자유와 독립을 느낄 수 있었으며, 그러한 점을 매우 동경했다"라고 파크스는 기록했다.

바이자 바이는 미망인이었으므로 붉은색 비단으로 만든 수수한 옷을 입었고, 한 쌍의 금팔찌 외에는 별다른 장신구를 착용하지 않았다. 그것은 그녀의 손녀인 가자 라자 사히브가 진주와 다이아몬드로 치장한 것과는 큰 대조를 이루었다. 그곳 여성들의 의상은 무척 우아했다. 그것은 몸에 딱 맞는 블라우스와 18m 가량의 비단이 소요되는 치마로 구성되었다. 치마는 여성들의 몸을 감싼 다음, 그 일부를 양다리 사이로 끌어내려 뒤쪽에서 고정시켰는데,

어느 제나나의 방에서 여성들이 커다란 그네를 타고 있는 가운데 동료들이 그것을 지켜보고 있다. 제나나에는 남편 이외의 사람들의 출입이 엄격히 금지되어 있었다. 그러나 패니 파크스는 아무런 제약 없이 부유한 평민, 왕녀 및 옛 여왕의 제나나를 부지런히 드나들었다.

그로써 "속치마와 바지를 동시에 입은 효과"가 있었다.

여왕은 파크스에게 여성용 곁안장에 오르는 시범을 보여달라고 부탁했다. 그때 파크스는 그곳 여성들의 의상이 얼마나 편한 것인지를 비로소 깨달았다 (괄리오르의 여인들은 훌륭한 기수로서도 유명했다. 바이자 바이 여왕 자신이 손에는 창을 거머쥐고 아이를 팔에 안은 채로 말을 타고 출정해 병사들의 선두에 섰던 것으로 알려졌다). 파크스는 자신을 초대한 총독대리 소유의 멋진 아라비아 산 말 한 필을 빌려 재스민으로 만든 화환으로 꾸몄다. "말에 올라 제나나의 경내에 들어서자 새삼 넓은 궁전에 와 있음을 실감했다. 그곳에는 옛 여왕이 거느리던 모든 시녀들이 나와서, 구부정한 자세로 말을 타고 있는 한 영국여인을 걱정스럽게 기다리고 있었다"고 파크스는 기록했다.

그곳 여성들이 파크스가 타고 온 말을 조심스럽게 살펴본 후, 파크스는 익숙한 솜씨로 말 타는 시범을 보였다. 그러자 시녀들이 여왕의 말들 중 세 필을 끌고 왔다. 벨벳과 금으로 짠 능라와 자수가 말안장을 덮고 있었으며, 값비싼 보석과 금으로 만든 고리가 말들의 머리와 목을 치장해주고 있었다. "여왕의 손녀인 가자 라자가 승마복장을 갖추고 말에 올랐으며, 다른 여성들도 각각 말에 올라탔다. 그녀들은 천천히 말을 몰며 자신들의 승마솜씨를 마음껏 뽐냈다." 여성들은 파크스에게 양다리를 벌리고 타보라고 권했고, 파크스는 검은 승마복 대신에 그들에게서 빌린 바지치마로 갈아입었다. 양다리를 벌린 자세로 말을 타는 것은 과연 각별한 경험이었다. 파크스는 무척이나 안정감을 느껴, 말을 탄 채 그대로 밤하늘의 달도 뛰어넘을 수 있을 것만 같았다.

그후 몇 달 동안 파크스와 그곳 여성들은 서로 의견을 나누기도 하고 궁금한 것들을 물어보기도 했으며, 심지어는 농담도 주고받았다. 여왕은 영국에서는 어째서 남성들이 법률을 제정해 그들 스스로 한 명의 아내만을 맞이하게 만들었는지를 농담삼아 물어보았다. 파크스는 대답하기를, 영국은 무척 작은 나라여서 만약 인도처럼 모든 남성들이 네 명의 여성과 혼인해 각각 거처를 제공하게 되면 영국은 머잖아 집들로 넘쳐나게 될 것이라 했다.

이후에도 여러 차례의 방문이 이어졌다. 파크스는 자신의 돛단배에 여왕을 모신 적도 있으며, 그때 파크스는 세심하게 장막을 설치함으로써 여성을 사람들의 눈에 띄지 않게 하는 관습인 퍼다(purdah)를 지켰다. 그녀는 가자 라자에게 차 달이는 법을 가르쳐주기도 했다. 한번은 파크스가 어느 결혼식에 하객으로 참석했다가 자신의 유럽 식 의상이 초대한 여성의 우아한 의상과 대조를 이루는 것을 발견하고 그 느낌을 이렇게 적었다. "유럽 인들은 스스로 자기들의 의상이 훌륭하다고 자랑하지만, 결혼식에서 유럽 식 의상을 입은 우리들은 하나의 오점에 지나지 않았다."

파크스와 바이자 바이 여왕 사이에는 어느새 우정이라고 부를 만한 신뢰관계가 싹텄으며, 그것은 파크스가 인도에 머무는 동안 지속되었다. 예컨대, 파크스는 바이자 바이 여왕이 알라하바드로 거처를 옮기게 되자 그녀를 도와 영국인들을 위한 만찬을 베풀었고, 힌두스탄 말을 하는 이가 드물었던 손님들을 위해 통역을 해주었으며, 여주인인 바이자 바이를 가리기 위해 방을 나누고 퍼다 커튼 설치도 거들었다. 한편, 바이자 바이 여왕은 파크스가 여행을 떠나려고 할 때 카리타스를 보내준 적도 있었다. 카리타스란 진홍색 비단 주머니에 동봉한 편지를 말하는 것으로, 비단주머니에는 수를 놓아 금을 매달았다. 그리고 훗날 파크스가 영국에서 휴가를 보내기 위해 떠나려 할 때에는 늙은 여왕 바이자 바이는 눈물을 흘리며 그녀를 배웅해주기까지 했다.

오우드의 나와브와 심지어는 포로 신세나 다름없던 바이자 바이 여왕조차도 영국의 지원하에 화려한 왕실생활을 지속할 수 있었다. 그러나 1838년, 파크스가 델리로 여행 갔을 때는 이미 만신창이가 되어버린 대 무굴 제국의 실상을 똑똑히 목격할 수 있었다. 델리는 고대신화로부터 누대에 걸쳐 인도 통치자들의 본거지였으며, 17세기부터는 샤자하나바드, 즉 '무굴 제국의 왕

관' 으로까지 불렸다. 일곱 개의 성문을 갖춘 육중한 성벽이 둘러쳐진 델리에는 위대한 황제들의 묘와 장려한 미나레트(이슬람 사원의 광탑)들이 있었다. 하지만 그 모두를 압도했던 것은 무굴 제국의 장려함을 나타내주는 상징이었던 웅장한 붉은 요새(Red Fort)였다. 그 요새 내에는 수로와 정원, 이슬람 사원과 하렘, 황제가 백성들을 맞이했던 금탑(the Golden Tower)과 디완 이 카스라는 전설상의 황제 알현실이 있었다. 알현실 벽은 흰 대리석으로 만들어졌고, 천장은 은으로 장식되었으며, 그 바닥은 햇빛을 받아 반짝거리는 수로로 나뉘어져 있었다. 그리고 한때 그 방에는 진주, 에메랄드 및 수천 개의 사파이어

벵골 호랑이 한 마리가 키 큰 풀과 나무들 사이를 거닐며 물웅덩이로 향하고 있다. 바그마르(호랑이 사냥꾼)들이 활을 설치해놓았는데, 이 활은 호랑이가 물가에서 줄을 건드리는 즉시 독화살이 발사되도록 고안되었다. 패니 파크스는 인도 동북부의 라지마할 언덕에서 이 장면을 그렸다.

로 장식된 공작왕좌가 놓여 있었다. 그 건물의 처마장식 둘레에는 다음과 같은 유명한 문구가 황금의 글자로 새겨져 있었다. "지상에 낙원이 있다면 바로 이곳이노라."

그러나 '지상의 낙원'이란 패니 파크스가 활동하던 당시만 해도 이미 옛 영화에 불과했다. 인도의 권력 중심지였던 델리는 이제 영국령 캘커타에 속했으며, 무굴 제국의 마지막 황제 바하두르 샤 2세는 영국이 지원해주는 연금으로 생활하고 있었다. 영국으로서는 그를 무굴 제국의 황제 자리에 계속 앉혀두는 것이 유리했으나, 그 왕국은 쇠락한 궁전 내부로 한정시켰다. 바하두르 샤 2세는 그 궁전에서 많은 시녀, 후궁, 자녀들 및 200명의 개인 호위대와 함께 생활했고, 호위대장은 영국인 장교가 맡았다.

"타지마할을 감상한 후에는 델리의 폐허를 구경하라"고 파크스는 썼다. 그녀가 비현실적일 정도로 완벽한 타지마할을 감상할 당시에, 영국인들이 악단을 고용해 타지마할의 대리석 테라스에서 연주를 시키고 자신들은 묘 앞에서 카드리유(quadrille, 1815년 영국의 귀족들이 파리의 상류사회 무도회에서 들여온 춤으로, 남녀 4~5쌍이 마주보며 추었다—옮긴이)를 추는 꼴을 보고 분노한 적이 있었다. 그녀는 이제 델리를 구경하고 있는 것이다. 꼼꼼히 구경거리를 한 그녀는 유적지도 빠짐없이 둘러본 다음, 자신을 초대한 황제의 여동생을 만나기 위해 궁전을 방문했다.

궁전의 통로는 어둡고 지저분했으며, 금으로 치장된 넓은 홀의 분수에서는 물소리가 들리지 않았고, 그 대리석 바닥은 시커먼 오수로 뒤덮여 있었다. 그곳에서 파크스는 몰락한 화려함이란 얼마나 애처로운 것인지를 목격할 수 있었다. 그런데 그때 어떤 영국인이 파크스는 황제 여동생의 선물을 탐내어 궁전을 방문했다고 헐뜯은 일이 있었다. 파크스는 격분했다. 그녀는 자신이 궁전을 방문한 것은 단순한 호기심 때문이며, 관습에 따라 금을 선사하고 그 답례로 꽃을 하사받았을 뿐이라고 응수했다. "옛날에는 방문객이 궁전을 떠날 때면 그의 목에는 진주와 값비싼 보석으로 만든 목걸이가 걸려 있었다. 그러나 옛 영화는 지나가고, 재물이 별로 없었던 왕녀 하야트 울 니사 베이 감은 갓 따온 흰 재스민 꽃으로 목걸이를 만들어 내게 걸어주었고, 나는 그녀를 만천하의 여왕이라고 생각하며 깊은 존경심으로 고개를 숙였다. 어떤 사람들은 그들을 경멸의 눈초리로 바라볼지도 모른다. 하지만 나는 그럴 수 없다. 그들이 어떤 사람들인지, 어떻게 살아왔는지를 살펴보면 그들을 절대로 멸시할 수 없을 것이다!"고 파크스는 기록하고 있다.

패니 파크스는 델리에서 열병에 걸리자 고지대로 향했다. 앞장은 그녀가 섰다. 영국은 이미 19세기 초에 점령지를 고지대로 확장해가기 시작했다. 그러한 고지대로는 서북의 히말라야 산맥 끝자락에 위치한 심라, 동북의 다르질링 및 남부의 닐기리 언덕 등이 있었다. 그러한 지역들은 빼어난 경치와 쾌적한 공기를 갖춘데다가 인도인들도 적어 천혜의 휴양지라 할 수 있었다. 많은 사람들이 열대병의 원인을 평지의 유해한 공기 탓으로 돌리긴 했으나, 고지대에서 휴양을 하면 곧 건강을 되찾을 수 있다고 믿었다. 1820년대에는 그곳에 환자들을 위한 요양소들이 있었다. 그러나 몇 년 지나지 않아 사람들은 별장을 짓기 시작했으며, 그로부터 수십 년 후에는 그러한 촌락들이 고지대 피서지로 발전하기 시작해, 영국인들은 그들이 다스리던 광활한 인도에서 완전히 고립된 별천지에서 여름을 보내며 생활할 수 있었다.

파크스의 첫 행선지는 북쪽의 히말라야 산맥 구릉지대였다. 당시는 도로가 닦이기 전으로서, 팰런킨, 마차, 조랑말 및 잠편(8명이 운반하는 덮개를 갖춘 안락의자) 등을 이용해 여행하면 수주일이 소요되었다. 그러나 히말라야로의 고된 여행은 그만한 가치가 있었다. 그곳의 경치는 스위스를 연상케 했으며, 파크스는 산악지대의 쾌적한 공기를 만끽했다. "그곳의 공기는 상쾌하고 매우 맑아 원기회복에 도움이 되었으며, 내가 15년간 호흡해오던 공기와는 전혀 다른 것이었다. 산악지대의 공기를 들이마시자, 숨어 있던 열이 몸 밖으로 빠져나가는 듯했다"고 그녀는 썼다.

고도가 높아짐에 따라 그녀가 어린 시절 영국에서 보았던 식물들도 눈에 띄었다. 이끼와 담쟁이덩굴로 뒤덮인 떡갈나무, 나무딸기, 클레마티스, 나무덩굴, 만병초류 따위가 있었다. 심지어 쐐기풀도 볼 수 있었다. 그러나 그곳 숲 속에는 호랑이와 코끼리도 숨어 있었으며, 각종 새들도 구경거리였다. 새들 중에는 검독수리, 붉은 꿩과 푸른 꿩, 관목 메추라기와 바위 메추라기, 그리고 숲 속의 야생가금들도 있었다.

고지대에는 사람들도 살고 있었다. 파크스는 가는 곳마다 친구들을 사귀었다. 그녀는 그들과 함께 고된 여행을 했고, 소풍을 갔으며, 집 짓는 일을 거들기도 했다. 그 집은 부족민들로부터 땅의 소유권을 사들여 지었을 것인데, 파크스의 눈에는 부족민들 역시 흥미로워 보였다. 그녀에게는 구르카 족과 같은 고산족들이 평지에 사는 가난한 사람들보다 훨씬 더 흥미롭게 느껴졌다. "타르타르 인과 같은 외모에다 옆구리에는 쿠크리(곡선 모양의 칼)를 찬, 억세고 민첩한, 작은 덩치의 구르카 남성들은 결코 찾아볼 수 없다. 그러나 나는 그들을 존중한다"고 그녀는 썼다. "구르카 여성들은 우리 모두에 내재하고 있는 타고난 용기를 가지고 행동했으며, 상냥하고 수줍어하는 여성이 아름답다는 교육을 한 번도 받아본 적이 없었다"고 그녀는 덧붙였다.

그러한 산악지대에서 산자락을 따라 말을 타는 것은 위험했으며, "겨우 폭 1m 가량의 좁은 길도 산악지대에서는 훌륭한 도로이다"라고 그녀는 썼다. 한편, 파크스가 알게 된 바와 같이, 영국인들은 이미 소규모의 영국식 온천들을 개발하느라 정신이 없었다. 그녀는 온천지역 사람들이 얼마나 말쑥해 보였는지를 다음과 같이 기록하고 있다. "그곳 아이들의 발그레한 얼굴을 보면 무척 즐겁다! 그들은 건강하고 튼튼해 보였으며, 영국아이들과 비교해도 조금도 손색이 없다." 그곳의 한 시장에서는 집오리의 간으로 만든 요리와 송로(松露)로 맛들인 멧도요는 물론이요, 샴페인에서 중국서적에 이르기까지 거의 모든 것을 구할 수 있었다.

영국을 축소해놓은 듯한 지역들이 인도 전역에서 생겨나고 있었다. 그러나 장엄함과 생동감을 사랑했던 패니 파크스는 그에 대해서는 별 관심이 없는 듯했다. 사실 그녀는 자신이 다소 별나게 적응한 영국적 세계와 인도적 세계(그 로맨스를 그녀는 동경했다) 사이의 균형을 완벽하게 맞출 수 있는 듯했다. 그녀는 그 후에도 인도에 머무는 기간 동안을 여전히 여행하고, 즐기며, 기록을 하는 데 보냈으며, 여행을 마치고는 항상 즐거운 마음으로 남편 찰스가 기다리는 알라하바드로 돌아왔다. 그녀는 한번은 배를 타고 집으로 돌아오던 길의 풍경을 다음과 같이 묘사했다. "요새와 웅장한 모스크, 수령이 오래된 인도보리수나무와 멤사히브의 집, 그리고 강둑 위의 차부타라(테라스를 말함)가 보인다. 이곳에서 많은 친구들이 순례자를 기다리고 있으며, 가장 기쁜 마음으로 그녀의 귀환을 맞이하려 한다."

인도에서 머문 기간이 패니 파크스 생애의 전성기였음은 분명하다. 패니의 친구 중 하나는 그녀에게 보낸 편지에서 "인도를 떠날 생각은 하지 않는 편이 좋을 거야. 날씨가 추운데다 사람들의 마음은 그보다 한층 더 쌀쌀한 유럽보다는 인도에서 사는 것이 훨씬 낫지"라고 썼다. 그러나 남편 찰스가 병에 걸리자, 결국 패니는 할 수 없이 1845년에 인도를 떠나 영국으로 돌아와야 했다. 일단 귀국을 하자 그녀는 자신이 쓴 일기를 책으로 펴내는 데 전념해, 1850년에 〈아름다움을 찾아 떠난 어느 순례자의 방랑기(Wanderings of a Pilgrim in Search of the Picturesque)〉라는 제목으로 책을 발간했다. 저자 특유의 공상적이고도 비교문화적인 문체로 씌어진 이 책은, 그녀의 '사랑하는 어머니'에게 바쳤으나, 첫머리는 가네샤에 바치는 주문으로 시작된다. 가네샤는 코끼리 머리를 한 힌두 교의 신으로서, 모험을 시작할 때 그를 불러들이면 장애물을 제거해준다고 믿었다.

ESSAY _ 3 | 인도의 신비를 찾아서

  1783년, 윌리엄 존스 경은 캘커타로 향하면서, "나는 여태껏 인도에 대해 알고 있는 그 어떤 유럽 인보다도 인도에 대해 더 많은 것을 알게 되기를 열망한다"라고 선언했다. 아대륙 인도에 대해 철저히 연구했던 최초의 영국 지성인들 가운데 한 사람이었던 존스 경은 인도에 대한 연구를 끊임없이 후원한 인물이다. 그는 1784년에 캘커타에서 아시아 학회를 설립했다. 그 시대의 광범위한 탐구정신을 반영한 아시아 학회는 '아시아의 역사, 예술, 과학, 문학' 연구에 전념하게 될 것이라고 그는 밝혔다. 그로부터 얼마 지나지 않아 존스 경이 설립한 학회에는 자기를 둘러싼 세계에 대한 지식의 폭을 넓히는 데 관심을 가지고 뜻을 같이한 많은 개인들이 회원으로 가입했다.

  인도를 여행한 화가들도 그 매력에 흠뻑 빠져들었다. 예컨대, 영국의 풍경화가 토머스 다니엘과 윌리엄 다니엘, 초상화가 제임스 웨일스와 조지 치너리 같은 사람들이 있었다. 그들은 인도의 장엄한 풍경, 거대한 고대유적들 및 생생한 일상생활의 모습들에 놀라워했으며, 사실 그러한 것들이 영감이 풍부한 인도문화의 바탕을 이루고 있었다.

  인도의 다양한 동식물은 박제사들을 유혹했다. 전문적인 박제사들은 표본을 구하러 미개지들을 뒤지며 돌아다녔고, 박제를 취미로 하는 자들은 엄청난 양을 수집했으며, 그들은 인도인 박제 기술자들을 고용해 포획한 것들을 박제로 만들었다.

  콜린 매켄지 대령과 같은 공유지 감독관들은 최초의 인도지도와 측량수치들을 세상에 내놓았다. 그리고 매켄지 대령의 후임자들 중 한 명인 조지 에베레스트는 히말라야에 있는 산들의 높이를 측정함으로써, 그중 세계에서 가장 높은 산에 자신의 이름이 붙는 영광을 차지했다.

캘커타 최고사법재판소의 재판관으로서 외국어에도 능통했던 윌리엄 존스 경은, "나는 이제 산스크리트 어를 무리 없이 읽을 수 있으므로 인도출신 변호사들이 내가 주재하는 재판에서 절대로 나를 속일 수 없다"고 호언장담했다. 그의 책상 위에 놓인 것이 바로 힌두 교의 신, 가네샤 신상이다.

위의 그림은 화가 윌리엄 다니엘이 그린 수채화로서, 토머스 다니엘과 조카인 윌리엄 자신이 여행 중에 비하르 지방에서 그린 것이다. 윌리엄은 망원경으로 비자이가르 언덕 요새를 살펴보고 있으며, 토머스는 수행자들이 그늘을 만들며 시중을 드는 가운데 그림을 그리고 있다. 토머스와 윌리엄 다니엘의 작품들에는 자신들의 모습이 종종 등장하기도 했다.

인도북부의 두안 쿤드, 즉 물보라 웅덩이로 알려진 웅장한 폭포 주변에 관광객들이 모여 있다. 토머스 다니엘은 자신의 일기를 통해, 이 폭포에 매료된 사람들이 그들의 천막을 어떻게 폭포 가까이에다 쳤으며, "일종의 작은 공동체를 형성"해, "얼마간의 즐거움과 그들의 폭포에 대한 헌신을 적절히 조화"시킬 수 있었는지를 자세히 적고 있다.

| 장엄한 경치들

인도로 가면 많은 돈을 벌 수 있다는 이야기를 들은 풍경화가 토머스 다니엘은 동인도회사에 캘커타 여행허가를 신청했다. 1786년, 조카 윌리엄을 대동하고 인도에 도착한 그는 공공건물에 조각을 하여 부유한 영국인들에게 매각하기 시작했다.

토머스와 윌리엄 다니엘은 그동안 벌어들인 돈으로 인도의 시골지역으로 여행을 떠났다. 그 여행은 이들 두 사람과 시중을 드는 수행원 몇 명으로 구성되었으며, 일행은 장비와 식량을 운반하고, 강을 타고 때로는 걸어서 북쪽으로 향했는데, 자그마치 3년이나 소요된 긴 여행이었다.

그들은 고대의 신성한 도시들과 타지마할, 폐허가 된 불교와 힌두 교 사원들, 그리고 히말라야 산맥의 산기슭에 이르기까지 고된 여행을 강행했다. 인도의 장엄한 경치에 넋을 잃은 그들은 자신들이 본 풍경들을 빠짐없이 스케치했다. 토머스의 말대로, "이러한

멋진 지역들의 생생한 아름다움을 되가져가는" 것으로는 그 방법이 가장 나았던 것이다.

그들은 대개의 경우 천막에서 야영을 했다. 한번은 버려진 황폐한 궁전을 우연히 발견해, 윌리엄의 글을 빌리자면 그곳이 며칠 동안 "만족스런 거처"가 되어주었다.

토머스와 윌리엄은 정기적으로 미술품을 판매한 돈으로 이후의 여행경비도 조달할 수 있었다. 그들은 남쪽을 여행하며 마드라스와 인도 최남단의 코모린 곶에 이르는 장관들을 그림으로 남겼다. 마지막 여행은 서쪽의 봄베이로 떠났다. 그때 그들은 손으로 판 거대한 바위동굴들을 탐사함으로써 자신들은 물론이고 당시의 많은 사람들을 깜짝 놀라게 했다.

토머스와 윌리엄이 인도를 완전히 떠난 것은 1793년이다. 그러나 그들은 144점의 애쿼틴트 판화 작품 모음집인 〈동양의 풍경 (Oriental Scenery)〉을 발간함으로써 그들 말대로 인도의 일부를 영국으로 되가져왔을 뿐만 아니라, 머나먼 인도 땅에 대한 영국인의 인식변화에도 큰 영향을 끼쳤다.

동굴사원

영국의 화가 제임스 웨일스는 1792년에 칼리의 바위동굴 불교사원을 처음 본 소감을 한마디로 "엄청난 작품이다"라고 표현했다. 봄베이 동남쪽의 해안평지와 중앙고원을 분리시켜주는 가파른 언덕인 웨스턴 가트를 마주보고 자리잡은 이 불교사원은, 기원후 1세기에 건립되었다. 그 지역의 다른 동굴들과 더불어 칼리의 바위동굴 불교사원은 불교, 힌두교 및 자이나 교도들이 오랜 세월에 걸쳐 숭배와 수련을 위한 거처로서 바위를 파내어 만든 것이었다.

웨일스는 엘레판타 섬에 있는 어느 동굴사원을 그린 스케치를 보고 호기심이 생겨, 한 해 전인 1791년에 그곳을 방문했다. 거대한 바위동굴 사원에는 높은 기둥이 있는 홀이 있었고, 그곳에는 힌두 교 신들인 브라마, 비슈누 및 시바를 나타내는 머리가 셋 달린 거대한 반신상이 있었다. 화가이자 고고학 연구가로도 활동했던 그는 근처의 살세타 섬 동굴들뿐만 아니라, 엘레판타와 칼리도 탐사했다. 웨일스는 세심하게 측량하고, 암석에 새겨진 문자들을 필사했으며, 동굴의 장식들을 스케치했다.

그는 장차 고대유물들을 다룬 작품집을 출간할 계획이었다. 그러나 불행히도 그는, "동굴에서 악취 나는 공기를 흡입해 병을 얻은" 것으로 알려졌으며, 결국 1795년에 사망했다.

웨일스와 함께 동굴을 방문한 적이 있던 토머스 다니엘은 친구 웨일스의 그림을 기초로 애쿼틴트 판화집을 만들어서 훗날 출간했다.

웨일스를 시작으로, 그 뒤를 이어 화가 헨리 솔트가 1804년에 칼리를 찾았다. 그때 솔트와 동행한 그의 동료 한 사람은 훗날 그때 느낀 경외심을 다음과 같이 기록했다. "매우 높은 출입구를 통해야 사원 입구에 이를 수 있었는데, 그 높이는 약 30m에 이르며 꼭대기까지 조각상들로 덮여 있었던 것으로 추정된다." 엄청난 양의 흙과 바위를 손으로 파낸 후에 기본적인 연장들만으로 매우 섬세하게 조각된 바위동굴 사원을 본 탐사자들은 그야말로 고대인들의 신앙심에 압도되었다.

헨리 솔트는 칼리의 불교사원(왼쪽)을 묘사할 때 거대한 규모를 실감나게 나타내기 위해 돌기둥 옆에 방문객을 한 사람
그려 넣었다. 동굴 모양의 사원내부(위)에는 천장에 아치가 새겨져 있으며, 스투파라고 불리는 원통모양의 바위 성골함이
있다. 사원내부를 묘사한 이 판화는, 원래 제임스 웨일스가 그린 그림을 바탕으로 토머스 다니엘이 제작한 것이다.

조지 치너리는 부자들의 초상화를 그려주며 생계를 꾸려가긴 했으나, 정작 그가 좋아한 것은 소박한
시골생활의 풍경을 화폭에 담는 것이었다. 아래 그림에서는 한 남자가 균형을 잡아가며 짐을 운반하고
있고, 짐을 벗은 소들이 폐허가 되어가는 마을의 건물들을 배경으로 쉬고 있는 모습도 보인다.

| 일상의 풍경

토머스와 윌리엄 다니엘처럼 조지 치너리도 인도에서 화가로서 얻을 수 있는 풍부한 금전적 보상을 추구했다. 부유한 영국인 가정에서는 인도에 머물렀다는 기록으로 초상화를 남기는 것을 체통을 세우는 일이라 여겼으며, 치너리는 그들의 부탁을 들어주는 것이 기쁘기만 할 뿐이었다. 그는 재능이 상당해 윤택하게 생활할 수 있었으나, 얼마 지나지 않아 자신이 시골생활의 풍경들을 그리는 데 더욱 관심이 있음을 깨달았다.

그는 1802년, 마드라스로 온 직후부터 인도인들의 일하는 모습을 그리기 시작했다. 즉, 바닥이 평평한 무슬라 배와 조잡하게 만든 뗏목을 물가로 끌어올리는 사공들, 수레의 짐을 부리는 짐꾼들과 다음 손님을 기다리는 가마꾼들의 모습들을 그린 것이다. 나중에 그는 벵골 지방으로 이주한 다음, 이따금씩 시골지역을 찾아가서 "마치 현미경을 가진 듯" 자세히 관찰을 하기도 했다.

풍경이나 웅장한 유적들 못지않게 치너리를 매료시킨 것은, 바위와 진흙투성이의 마을길, 냇가에서 목욕하는 사람들, 폐허가 되어가는 옛 묘석 등과 같이 인도인들의 삶을 느낄 수 있게 해주는 것들이었다.

치너리는 "나풀거리면서도 생명력 있는 선"으로 표현한 스케치로 자신의 그림책을 채워나갔으며, 멋을 부린다거나 낭만적인 것과는 거리가 먼, 사실적인 기법으로 그림을 그렸다. 그의 작품들에서 평범한 인도인들의 삶에 존재했던 생명력과 장중함을 엿볼 수 있는 것은 바로 그 때문이다.

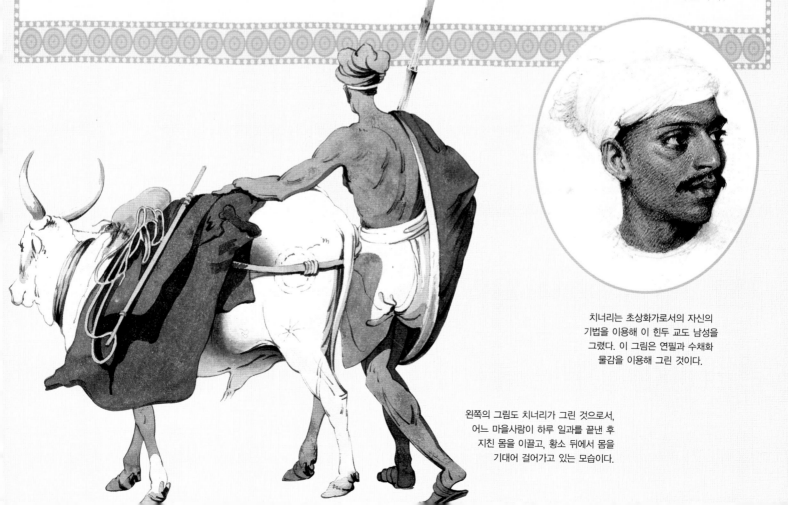

치너리는 초상화가로서의 자신의 기법을 이용해 이 힌두 교도 남성을 그렸다. 이 그림은 연필과 수채화 물감을 이용해 그린 것이다.

왼쪽의 그림도 치너리가 그린 것으로서, 어느 마을사람이 하루 일과를 끝낸 후 지친 몸을 이끌고, 황소 뒤에서 몸을 기대어 걸어가고 있는 모습이다.

인도의 동식물들

인도의 새들과 동식물들은 북유럽의 그것들과는 딴판으로서, 보석 같은 깃털과 다채로운 꽃잎에 이국적인 생김새를 보여줌으로써 영국인들의 감탄을 자아냈다. 열성적인 자들은 당시의 탐구정신에 고무되어 수천 점의 인도 동식물 표본과 많은 그림들을 수집했다. 벵골 최고사법재판소장의 부인이었던 임페이 여사는 개인동물원을 운영했으며, 인도인 화공 세 명을 고용해 자신이 좋아했던 새, 동물, 물고기 및 뱀들을 세밀하게 그리게 했다. 그리고 어떤 사람은 그보다 한층 더 많은 돈과 정력을 소장품에 쏟아부어, 결과적으로 인도의 자연사에 대한 시각적 기록을 풍부하게 만들었다.

또한 영국의 전문 박제사들도 인도로 몰려갔다. 그들은 곤충, 식물 및 동물의 가죽 따위를 채집해 배에 싣고 영국으로 되돌아가, 동정(同定, 생물의 분류학상의 소속이나 명칭을 바르게 정하는 일―옮긴이)을 하고 그 목록을 작성했다. 동인도회사는 약제연구를 위해 캘커타에 식물원을 세웠으나, 그곳은 단순한 연구시설만은 아니었다. 많은 관광객들이 자주 그곳을 찾았으며, 그들은 식물원의 아름다움을 통해서 "희귀한 나무들로 경계를 삼은 넓은 풀밭길, 연꽃과 백합으로 밝게 빛나는 연못"을 떠올렸다.

캘커타의 식물원을 방문한 조셉 후커는 큐 왕립식물원 소속의 박물학자였다. 그는 3년 동안 벵골 지방과 히말라야 산기슭의 울창한 숲을 여행했다. 벵골 지방의 습한 숲에는 3,000종이 넘는 식물들이 있었다. 그가 과수의 꽃, 덩굴식물, 이끼류 및 양치류가 빽빽이 자라나는 것을 관찰한 곳도 바로 그곳이었다. 그는 "이보다 더 거대한 식물군집을 상상하기란 어렵다"고 썼다.

왼쪽의 그림은 숄(shawl) 산양으로서, 모습을 보면 과연 그럴듯한 이름이라고 고개가 끄덕여진다. 이 그림은 임페이 여사가 고용한 인도인 화공이 그린 것이다. 동인도회사는 숄 산양의 풍성하고 호화로운 양모에도 상업적인 관심을 가지고 있었다.

후커는 이 표본을 밀림에서 가장 격조 높은 식물이라 했다. 그는 영국관리이자 박물학자인 브라이언 호지슨의 이름을 따서, 이 식물을 호지소니아 헤테로클리타(Hodgsonia heteroclita)로 명명했다.

히말라야 산맥 동부에 자리잡은 시킴의 산악부족인 렙차 족 사람들이 조셉 후커의 발 아래에 무릎을 꿇은 채
그날 채집한 식물과 꽃들을 바치고 있다. 원주민들이 언덕과 계곡에서 표본을 채집하는 동안,
후커는 자신의 방갈로에 남아서 원주민들이 채집한 표본을 스케치하거나 박제를 만들곤 했다.

3 :: 지배와 항거

진홍색과 흰색의 대례복을 걸친 리처드 웰즐리 총독이 하이데라바드의 니잠과 체결한 조약문에 손을 얹고 있다. 이외에도 그림에는 2개의 조약문이 더 보이는데, 그중 하나는 마이소르 분할을 위한 것이다. 웰즐리 총독은 전쟁과 철의 외교를 적절히 활용해가며 인도에서 영국의 영토를 확장시켜, 영국을 제국주의 열강으로 변모시켰다.

1798년 6월 8일, 캘커타의 리처드 웰즐리 총독은 의자에 앉은 자세로 한 지역신문을 읽다가 놀라운 기사에 그만 시선이 고정되고 말았다. 그 기사에는 인도양에 있는 섬 모리셔스의 프랑스 총독이 발표한 포고문이 게재되어 있었다. 영국인들에게도 포고문의 내용이 전해질 것이라는 사실에는 아랑곳하지 않은 채, 포고문은 모리셔스 섬 전역에서 잘 볼 수 있도록 게시되었다. 내용은 인도남부에 있는 마이소르의 통치자인 티푸 술탄이 공수동맹 체결을 희망하면서 모리셔스에 사절단을 파견해왔다는 것이다. 하지만 여유 병력이 없었던 모리셔스의 프랑스 총독은 그 대신 지원병을 뽑아 마이소르 군대를 지원하도록 했다. 당시 티푸 술탄은 "자신이 인도에서 쫓아내기를 염원했던 영국에 선전포고를 하려고" 프랑스 측이 지원해주기만을 기다리고 있었다.

웰즐리 총독은 즉시 조치를 치해, 포트 세인트 조지의 사령관이자 마드라스 지사대리였던 조지 해리스 소장에게 포고문 한 부와 서신 한 통을 보냈다. 그 서신에서 웰즐리 총독은, 마이소르에서 가장 가까운 지역인 마드라스를 책임지고 있는 해리스 장군에게, 조용히 그러나 즉각 전쟁준비를 시작해야 한다고 제안했다.

모닝턴 백작 2세라는 칭호를 가지고 있던 당시 37세의 리처드 웰즐리 총독이 인도에 도착한 것은 불과 6주 전의 일이었다. 영국계 아일랜드 귀족의 후손이자 다섯 형제 중 장남이었던 웰즐리는 오래 전부터 총독수업을 받고 있었다. 비록 훌륭한 조상들이 물려준 땅이 모조리 저당잡혀 생활에 어려움은 겪고 있었으나, 좋은 교육을 받는 데에는 아낌없이 돈을 썼다. 웰즐리는 성공한 학자에다가 뛰어난 연설가였으며, 유망한 젊은 정치가로서 윌리엄 피트 총리와 윌리엄 그렌빌 외무장관과도 친분을 쌓았다. 그는 대단한 야심가여서, 돈보다는 권력과 명예를 지향했다.

리처드 웰즐리는 영국령 인도의 총독이 되려고 값비싼 대가를 치렀다. 자녀들과 사랑하는 아내 히아신스를 영국에 두고 왔던 것이다. 히아신스는 리처드의 사랑에 똑같은 사랑으로 보답했으나 인도로 가려고 하지는 않았다. 만약 그랬다면 아이들을 영국에 두고 떠나야 했거나, 아니면 아이들을 데리고 가서 인도의 여러 위험들에 노출시켜야 했을 것이다. 새로운 부임지인 인도로 향하는 기나긴 항해 길에, 리처드는 아내에게 보낸 편지에서 다음과 같이 썼다. "배를 보니 우리의 가슴 아픈 이별이 생각나며, 이 세상에서 내게 가장 소중한 모든 것들로부터 한층 더 멀어져가고 있다는 생각이 드오."

꼭대기가 극락조로 장식된 금으로 만든 천개 아래의 8각 옥좌에 티푸 술탄이 앉아 있다. 8각의 모서리에는 보석으로 세공한 여덟 마리의 작은 호랑이 머리가 놓여 있으며, 옥좌를 떠받치는 여덟 개의 다리 중 하나는 포효하는 호랑이 형상으로 꾸며져 있다. 이것은 1799년 영국군이 티푸의 궁전에 들이닥쳤을 때 노획한 전리품이다.

그러나 웰즐리는 인도가 자신의 화려한 경력의 기초를 쌓아줄 수 있는 무대가 되리라 확신했다. 그리고 그 첫 단추는 마이소르와 프랑스의 위협에 대처하는 것이었다. 이슬람 교도였던 하이데르 알리 장군이 약 40년 전에 힌두 왕조를 전복시킨 이후로, 강력한 마이소르는 영국의 입장에서는 눈엣가시 같은 존재였다. 하이데르 알리와 그의 아들이자 후계자인 티푸 술탄은 영토를 확장하고자 전쟁을 일으켰던 야심만만한 군주들이었다. 영국과 마이소르는 이미 세 차례에 걸쳐 전쟁을 치른 상태였다. 1792년에 종전된 제3차 마이소르 전쟁에서, 티푸는 영국, 하이데라바드의 니잠(마이소르 북부지역의 이슬람 지배자를 뜻함) 및 마라타(인도중부와 서북해안지역 힌두 군주들의 느슨한 동맹)의 연합세력과 강제조약을 맺었으며, 그 내용은 이들 연합세력에 상당한 영토를 넘겨주고, 전쟁배상금을 지불하며, 조약의 조건들이 이행될 때까지 티푸의 젊은 두 아들을 볼모로 삼는다는 것이었다.

위의 것은 한때 티푸 술탄이 소장했던 골동품으로서, 호랑이가 동인도회사 직원에게 덤벼드는 끔찍한 장면을 형상화했다. 호랑이 몸 속에 설치된 풍금과 같은 장치의 손잡이를 돌리면, 호랑이가 포효하는 소리와 사람의 비명을 들을 수 있었다.

영국인들은 마이소르의 호랑이라 불렸던 티푸를 혼내주긴 했으나, 그를 완전히 제압하지는 못했다. 국제정치, 과학, 신학 및 문학을 익혔고 여러 나라 말에 능통했던 티푸는 난폭하면서도 의지가 강한 군주로서, 백성들에게는 관대한 편이었으나 적대세력에게는 무자비했다. 그는 영국인들을 위험한 존재로 보고, 마라타 및 하이데라바드 니잠과의 동맹을 모색했으나 별다른 성과를 거두지 못했다. 혁명을 겪고 있던 프랑스는 1793년 1월부터 영국과 전쟁

상태에 있었으므로, 프랑스와는 쉽사리 동맹을 맺을 수 있었다.

웰즐리 총독이 보기에, 1798년 중반기에 프랑스가 인도를 공격할 가능성이 높았다. 나폴레옹이 군대를 움직이고 있었고, 웰즐리가 모리셔스의 포고문을 읽은 지 한 달이 채 지나지 않아 나폴레옹이 이집트를 침략했다. 다음 목표는 인도가 될 가능성이 높았으므로, 웰즐리 총독은 차근차근 전쟁을 준비했다. 그러나 몇 달이 지나자, 프랑스가 침략해올 가능성은 점점 더 낮아지는 듯했다. 더군다나 마이소르에 도착한 프랑스 지원병의 수가 150명이 채 안 된다는 보고였다. 그러나 웰즐리는 티푸 술탄을 여전히 영국이 대적해야 할 '필사적이고도 위험한 적'으로 보았다.

1799년 3월, 영국군과 하이데라바드 니잠의 병사들로 구성된 연합군이 마이소르의 도읍인 세링가파탐을 공격했다. 공격을 당한 마이소르 병사들은 곧 티푸 술탄의 성벽 안으로 후퇴하지 않을 수 없었다. 영국군은 거의 한 달 동안 성을 포위했다. 마침내 티푸는 해리스 장군에게 항복의 조건이 무엇인지를 물었다. 해리스 장군은 마이소르의 군주는 왕국의 절반 이상을 넘겨주어야 하고, 엄청난 전쟁배상금을 지불해야 하며, 아들 가운데 네 명을 볼모로 내놓아야 한다고 답변했다. 격분한 티푸는 그 요구조건을 거부했다. "이교도들에 빌붙어서, 그들이 제공하는 연금수혜 군주명단에 올라 비참하게 사느니 전사답게 죽는 편이 낫다"고 그는 외쳤다.

영국군은 사흘 동안 티푸 술탄의 성채에 포격을 가한 후, 1799년 5월 4일 오후 1시에 성벽을 돌파했다. 마이소르 병사의 검과 영국군의 총검이 부딪치며 치열한 전투가 벌어졌다. 그러나 성은 곧 함락되었다. 승리한 영국군은 오랜 수색 끝에, 병사들의 시신과 부상병들 속에서 티푸의 시신을 발견했다. 영국군은 티푸의 시신을 팰런킨에 뉘어 궁전으로 되가져다 놓았다. 해리스 장군의 명령에 따라, 마이소르의 호랑이 티푸의 국장이 거행되었다.

정복자들은 전리품들을 나누어 가지기 시작했다. 환상적인 보석들, 금괴,

은 접시, 화려한 가구, 비단, 도자기, 심지어 서적들까지 약탈했다. 그러나 가장 값비싼 전리품은 마이소르 그 자체였다. 영국은 티푸의 아들들에게는 연금을 주어 카르나타카 해안으로 보냈으며, 그들 대신 하이데르 알리가 전복시켰던 힌두 왕조의 다섯 살짜리 후계자를 영국의 꼭두각시로 내세웠다. 그는 한층 영토가 축소된 왕국을 명목상으로만 다스렸다. 동인도회사는 마이소르 영토의 절반 가까이를 합병해, 거기에서 나온 이득을 하이데라바드의 니잠과 나누어 가졌다. 영국이 차지한 마이소르 영토는 마드라스 부근의 인도 동해안과 서쪽의 말라바르 해안을 연결시켜주는 결정적인 역할을 했다. 마이소르 영토를 차지한 웰즐리 총독은 자신감에 찬 표현으로 동인도회사 이사회에 보낸 편지에 다음과 같이 썼다. "이번에 거둔 빛나고 결정적인 성과로부터 누릴 수 있는 수많은 혜택들을, 본인이 새삼스럽게 자세히 언급할 필요는 없을 것입니다."

마이소르 정복은 웰즐리 총독에게는 시작에 불과했다. 이후 그가 이끈 전투와 정책들로 말미암아 19세기 영국의 제국주의 지배자로서의 변모과정이 더욱 가속되었다. 영국인과 인도인들 간의 관계 역시 변화했다. 사회적 교류도 더욱 제한되었으며, 1780년대 찰스 콘월리스 총독 재임기간 중에 시작된 고위공직에서의 인도인 배제 정책도 더욱 강화되었다.

인도문화와 신앙에 대한 태도 역시 바뀌었다. 영국의 정책은 힌두 교와 이슬람 교의 관습 및 이데올로기에 대한 존중에서, 인도의 영국화로 그 방향이 변했다. 기독교 선교사들은 힌두와 이슬람 '이교도들'을 개종시키려 작정하며, 아대륙 인도로 몰려들었다. 일부 인도인들은 동서양이 조화를 이룬 생활양식을 만들어가려 노력하며, 이 양자 사이를 불편하게 오가기도 했다.

그러나 인도를 서구화시키려 했던 영국인들은 그들이 추구하는 변화가 인도인들의 삶에 어떤 영향을 끼칠지에 대해서는 깊이 고려하지 않았다. 많은 인도인들은 자신들의 가장 신성한 신앙과 권리가 위협받고 있음을 느꼈으며, 그 결과는 끔찍한 폭력사태로 나타났다.

웰즐리는 티푸에게 승리를 거둔 후에, "사람들은 본인이 이번 전쟁을 수행한 방식에 대해 찬사를 보냈습니다." "장관께서 본인에게 즉각 상등의 빛나는 훈장을 수여하신다면, 크나큰 명망을 얻으실 것입니다." 라고 그렌빌 외무장관에게 서신을 띄웠다. 웰즐리의 이와 같은 무례함이 당황스럽긴 했으나, 영국에 있던 웰즐리 총독의 후원자들은 그가 후작이 되어 거금을 하사받을 수 있도록 조처했다. 그것은 웰즐리가 이미 보유하고 있던 것과 같은 아일랜드 작위였다. 그러나 아일랜드 작위는 잉글랜드의 그것보다는 격이 낮은 것이었으므로, 웰즐리는 잉글랜드의 작위 수여를 원했다. 지나친 기대를 했던 그는 아일랜드 작위 수여 제안을 자신에 대한 일종의 푸대접으로 간주했다. "제가 받은 마음의 상처는 말로 다 표현할 길이 없습니다"라고 그는 총리에게 푸념했다. 그는 아내 히아신스에게 보낸 편지에서는 더욱 분노한 어조로, "만약 내가 죽거든, 그들이 나를 죽인 것이라고 세상에

17세기의 한 영국남성이 인도의 파이자마를 본떠 만든 끈으로 졸라매는 실크 바지를 윗도리와 맞춰 입고 유럽 식 신발을 신은 채로, 어린 길잡이와 함께 인도의 시골지역을 답사하고 있다.

|인도를 영국에 옮겨놓다|

17세기 영국인들이 인도로 건너온 이래 그들은 줄기차게 인도에 많은 변화를 불러일으켰으며, 그러한 양상은 19세기 들어 엄청나게 가속되었다. 그러나 반대로 인도가 영국에 많은 영향을 끼치기도 했다. 영국인들은 의상, 건축 및 음식문화의 새로운 착상들뿐만 아니라, 변화된 언어도 영국으로 되가져간 것이다.

상당수의 17세기 동인도회사 직원들과 기타 인도를 방문했던 영국인들은 편안함을 이유로 인도식 의복을 착용했다. 그러한 의복들 가운데 하나가 파이자마로서, 그것은 인도의 남성과 여성들이 즐겨 입었던, 실크나 무명 소재의 끈으로 졸라매는 헐거운 바지였다. 그 파이자마를 영국인들은 본국에 소개했고, 19세기 서양의 의상 디자이너들은 그것에 착상을 얻어 오늘날 파자마로 알려진 잠옷을 유행시켰다.

인도건축은 18세기 말과 19세기 초에 걸쳐 영국과 인도에서 발간된 토머스 다니엘과 그의 조카 윌리엄의 애쿼틴트 판화들을 통해 영국에 상륙했다. 이들의 작품에서 영감을 받은 은퇴한 어느 벵골 관리는 중부 잉글랜드 서남지방의 코츠월드 언덕에 둥근 지붕, 아치, 별관 및 광탑(光塔)들이 빼곡히 들어선 세진코트라 불린 저택을 건립했다. 또한 조지 4세는 황태자 시절, 브라이턴에 있는 자신의 해변별장에 인도건축의 영향을 받은 마구간과 승마장을 지었으며, 1805년부터는 한 작은 별장을 무굴 식 궁전으로 개조하기 시작했다.

인도식 건축 열풍에 뒤이어 인도음식도 인기를 끌었다. 양념을 넣어 인도식으로 조리된 요리는 무조건 카레로 불리게 되었는데, 양념을 뜻하는 인도 남부지방의 단어인 카리(kari)가 와전되어 카레(curry)가 된 것으로 추측된다. 그러한 요리들에 사용된 향신료들은 카레 분말로 불렸다. 영국

타지마할의 영향을 받은 양파 모양의 돔과 광탑들이 브라이턴의 분관식 궁전을 장식하며 영국 남해안 방문자들에게 머나먼 인도의 환상을 심어주었다.

요리의 권위자였던 이사벨라 비턴 등은 카레 분말 제조법을 다룬 책들을 발간했는데, 카레 분말은 고수풀 씨앗, 심황 뿌리, 육계피, 고춧가루, 호로파 씨앗과 같은 향신료들로 구성되었다. 인기를 끌었던 카레 요리 중 한 가지는 키치리(khichri)를 변형시킨 케저리(kedgeree)로서, 쌀, 렌즈콩 및 버터가 들어갔다. 영국식 케저리는 쌀, 생선 및 삶은 계란 저민 것을 넣었으며, 영국 귀족들의 아침식사 단골 메뉴가 되었다.

영국인들이 250년 동안 인도에 머물며 수집한 예술품들은, 1851년에 개최된 런던 대박람회의 인도관에서 그 절정에 이르렀다. 빅토리아 여왕은 전시 중이던 "화려한 보석과 숄, 자수품, 은제 침대뼈대와 상아로 만든 의자들"에 탄복하며, "대다수의 사람들에게 무척 생소한 것"이었다고 말했다. 〈런던 타임스〉는 동인도회사가 설치한 인도관을 두고, "하이드 파크에서 가장 완벽하고 화려하며 흥미로운 전시물들 중 하나로서, 여러 가지 점에서 교육적이며, 아무리 찬사를 보내도 지나치지 않은 가치를 지녔다"고 평가했다.

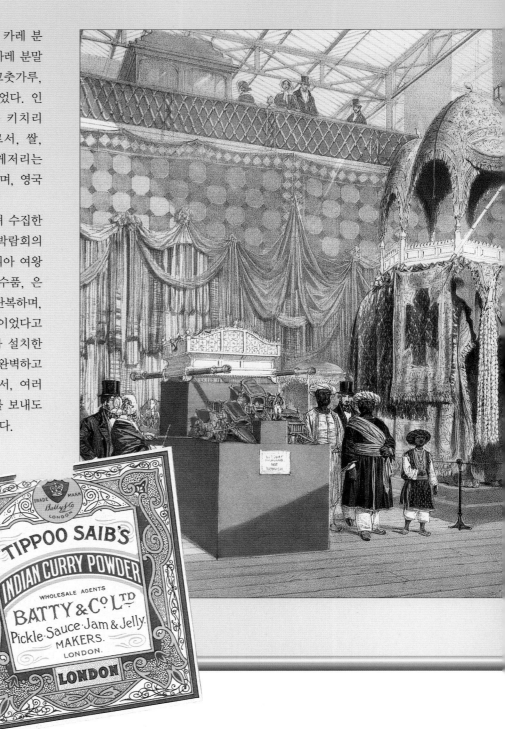

이 카레 분말은 티푸 술탄의 이름에 착안해 제품명이 붙여졌다. 사이브(Saib)는 주인을 의미하는 사히브(Sahib)를 잘못 표기한 것으로서, 이 단어는 인도인이냐 유럽 인이냐의 여부에 관계없이 존경의 의미로 사용되었다.

새로 생긴 단어들

영국인들은 인도에 머무는 동안 많은 인도식 단어들을 영어에 흡수했는데, 이는 그러한 단어들이 익숙한데다 유용했기 때문으로 그것들은 영국과 유럽의 타지역들에 전해졌다. 그것들 중에는 정확하게 음역을 한 것들도 있고, 일부는 잘못 전해지기도 했다.

인도에서 들어온 900개 남짓한 단어들 중 대표적인 것들을 꼽아보면, 반다나 (bandanna), 뱅글(bangle), 방갈로 (bungalow), 캘리코(calico), 셔루트 (cheroot), 친츠(chintz), 치트(chit), 처트니(chutney), 코트(cot), 커머번드 (cummerbund), 쿠시(cushy), 딩기 (dinghy), 덩거리(dungaree ; 거친 무명 천), 거니(gunny ; 거칠고 무거운 천), 조드포즈(jodhpurs), 카키(khaki), 루트 (loot), 머스크(musk), 파자마(pajamas), 퍼라이어(pariah), 펀치(punch ; 음료), 펀디트(pundit), 샌들(sandal), 시어서커 (seersucker), 숄(shawl), 스와스티카 (swastika), 서그(thug), 톰톰(tomtom), 베란다(veranda) 등이 있다.

비단을 걸친 박제 코끼리 한 마리가 상아와 금 비단으로 장식된 하우다(덮개 달린 좌석)를 지고 있는 모습을 한 채로 런던 대박람회의 인도관에 우뚝 솟아 있다.

알려주시오"라고 쓰기까지 했다.

웰즐리 총독은 자신이 원했던 잉글랜드 작위를 수여받을 수 없었으나, 인도에서만큼은 남부럽지 않은 행사를 준비했다. 그는 화려한 의상을 입은 많은 가신과 하인들로 하여금 자신을 수행하도록 했으며, 웅장한 의식으로 공식행사를 진행했다. 그 결과, 그때까지 영국령 인도에서는 결코 구경할 수 없었던 화려함과 요란스러움을 과시할 수 있었다.

건축계획은 호화스러움을 과시할 수 있는 또 다른 기회가 되었다. 웰즐리 총독은 구 총독 관저 자리에다 한 구획 전체를 차지하는 건물을 새로 세웠다. 돔으로 덮은 건물 중심부에는 국사를 처리하는 관청들이 자리잡았으며, 그에 딸린 네 구역들은 곡선의 회랑으로 건물 중심부와 연결되어 공관으로 이용되었다. 웰즐리 총독은 또 그곳에서 약 23km 가량 떨어진 바락포르에 총독 관저를 짓기 시작했다. 이 공관이 완공되면, 극장, 실내승마장 및 동물원을 완비한 일종의 궁전이 들어서는 셈이었다.

웰즐리는 자신의 사치를 정당화시키는 근거로서 식민지 백성인 인도인들을 감동시킬 필요성을 역설했으나, 정작 인도인들 중에서 그러한 건물에 입주한 사람은 극히 드물었다. 불과 몇 년 전의 영국인들과는 달리, 웰즐리 총독은 인도인들과 허물없이 어울리지 않았으며, 인도인들은 권력의 중심에서 점차 고립되어가고 있었다. 인도 사정에 밝았던 어느 인사는 그러한 변화를 지적하며 인도인들이 "존경받거나 높은 보수를 받을 수 있는 모든 자리에서 배제되어, 사회에서 굴욕적인 대우와 침묵을 강요받는" 사실을 개탄했다.

웰즐리는 총독의 위상을 한층 더 강화시킴과 동시에, 자신의 지배권을 확장시키고 있었다. 그는 노골적인 전쟁보다는, 주로 철의 외교를 통해 팽창을 도모했다. 세력팽창의 수단은 종속 동맹(subsidiary alliances)으로 알려진 강제 동맹체제로서, 이를 이용해 명목상으로만 독립적인 나라들을 순종케 만들었다. 영국은 이러한 협정을 통해, 인도 군주들을 그들의 적들로부터 '보호'해준다는 명목으로 그들의 영토에 군대를 주둔시켰다. 인도 군주들은 영국병사들의 주둔비용을 감당해야 했으며, 일단 영국병사들이 주둔하기 시작하면 그들은 주둔지에서 영국의 통치권을 행사하기도 했다. 그리고 만약 주둔비용을 현금으로 지불하지 못하면, 동인도회사가 그 대신 땅을 차지했다.

전임 총독들도 그러한 동맹체제를 이용하긴 했으나, 웰즐리의 경우에는 그것을 전임자들보다 더욱 적극적으로 활용했다. 그는 면화생산이 활발한 베라르 지역을 포기하도록 하이데라바드 니잠에 압력을 행사했다. 카르나타카의 상속자였던 그 젊은 니잠은 웰즐리 총독의 요구를 거부함으로써 상속자의 위치를 박탈당했으며, 동인도회사가 내세운 꼭두각시가 그 자리를 차지했다. 동남부의 탄조레 전체가 합병되었으며, 약 185년 전에 토머스 로 경이 도착했던 수라트 항 역시 마찬가지였다.

"내가 마치 수호신이라도 되는 양,
이곳에서는 가는 곳마다 환영을 받고 있소."

웰즐리 총독은 오우드 나와브와 체결한 조약을 1801년 12월에 비준했다. 그 조약에 따르면, 오우드 나와브는 비옥하고 풍요로운 서 도아브와 로힐칸드 지역을 완전히 넘겨주며, 나머지 영토에 대한 명목상의 통치권은 유지하기로 되어 있었다. 세부조항들을 확정짓기 위해 웰즐리 총독은 오우드의 도읍인 러크나우로 향했다. 진홍색 제복을 입은 병사들이 노를 젓는 가운데, 웰즐리 총독은 녹색과 금색의 배들로 구성된 소함대를 이끌고, 캘커타에서 출발해 갠지스 강을 거슬러올라갔다. 그들 함대와 보조를 맞추어 강둑에서는 기병들이 따라왔으므로, 이따금씩 운동부족을 느낄 때면 그들은 배에서 내려 말을 탈 수도 있었고, 젊은 장교들은 호랑이 사냥에 나서기도 했다.

여행의 막바지에는 육로를 이용했다. 기병 1개 연대, 보병연대와 용기병 부대가 각 둘씩 웰즐리 총독을 호위했으며, 그들과 비전투 종군자들을 합쳐 2만이 넘는 사람이 총독을 수행했다. 러크나우에서는 웰즐리 총독과 오우드 나와브가 코끼리를 타고 행렬을 이끌며 거리를 지나갔다. 행렬이 지나가는 거리의 건물들은 산뜻하게 칠을 해두었으며, 일부 건물은 화려하고 다채로운 비단으로 꾸몄다. 건물의 지붕 위에서는 악공과 무희들이 악기를 연주하고 춤을 추었다. 그 장면을 관찰한 어느 영국인은 웰즐리 총독이 구경하던 군중을 향해, "진정한 동양적인 허세로" 루피 화를 던져주었다고 기록하고 있다. 그리고는 만찬, 불꽃놀이 및 무도회가 이어졌다. 이것을 두고 웰즐리 총독은 아내에게 보낸 편지에다, "내가 마치 수호신이라도 되는 양, 이곳에서는 가는 곳마다 환영을 받고 있소. 내 비위를 맞추려 무진장 애를 쓰는 모습들이오"라고 썼다.

사실 웰즐리 총독에게는 마구잡이식 합병을 추진할 권한이 없었다. '1784년 인도법'은, "인도에서의 정복계획과 지배확대의 추구는 인도의 소망, 명예 및 정책에 배치되는 조치들이다"라고 이미 규정해놓고 있었던 것이다. 동인도회사 이사회로서는 왕국을 합병할 때마다 책임은 커지는 반면 이득은 줄어들었음을 여러 차례의 경험을 통해 잘 알고 있었으므로, 자신들의 이익을 대변해야 할 책무를 지닌 웰즐리 총독이 취한 일련의 조치들에 커다란 충격을 받았다. 그러나 동인도회사 이사회는 지구 반대편인 런던에 있었다.

인도에서 영국의 패권을 위협할 가능성이 있는 세력은 마라타 족뿐이었다. 마라타 족은 독립적인 힌두 군주들이 이끌었으며, 그들은 인도 중남부에 있는 불모의 데칸 고원 지대를 나누어 통치하고 있었다. 그들의 세력은 멀리 북쪽의 델리에까지 뻗쳐, 그곳에서 무굴 제국의 황제는 그들의 보호하에 자유에 제약을 받으며 간신히 연명하고 있었다. 마라타 족은 용맹한 전사들이었으며, 훈련이 잘 되었고 무기가 뛰어났으며, 군주들에 대한 충성심이 대단

웰즐리 총독과 오우드의 나와브가 웰즐리 총독을 위해 마련된 코끼리 싸움을 지켜보는 가운데, 오우드 나와브가 웰즐리 총독에게 손짓을 해가며 말을 걸고 있다. 웰즐리 총독은 한때는 강력한 군주였던 오우드 나와브에게 퇴위할 것을 종용했고, 그가 그러한 요구를 따르지 않자 오우드의 절반을 영국에 할양하는 조약에 강제로 서명하도록 했다.

했다. 다만 웰즐리 총독의 야심에 유리하게 작용했던 것은, 그 군주들이 오랜 기간 서로 반목해오고 있다는 사실이었다. 마라타 족은 자신들끼리 지난 20년간을 대립해오고 있었던 것이다.

웰즐리 총독은 런던의 동인도회사 이사회로부터 "끊임없고 불안정한 마라타 족의 분쟁에 개입"하지 말라는 구체적인 지시를 받았음에도 불구하고, 그는 한 부족을 또 다른 부족과 반목하게 만듦으로써 영토와 지배권을 확보해 나갔다. 그 결과 1803년에는 적대감이 폭발해 2년간에 걸친 전쟁으로 비화되었다. 영국군은 여러 전투에서 결코 만만찮은 마라타 군대를 상대했으나, 결국에는 승리했다.

전쟁 소식이 동인도회사 이사회에까지 전해지자, 이사회는 웰즐리 총독에게 과다비용 지출과 명령불복종을 이유로 정식으로 징계조치를 내렸다. 웰즐리 총독은 사임을 하고, 1805년 8월에 귀국길에 올랐다. 그는 곧 의회에 소환되어 직권남용 혐의에 대해 답변했으며, 불신임 결의는 부결되었다. 그는 계속해서 스페인 주재 대사, 외무장관 및 아일랜드 총독을 역임하며 화려한 이력을 쌓아나갔다. 웰즐리는 1842년에 82세를 일기로 사망했다.

리처드 웰즐리 총독이 영국령 인도를 위해 품었던 여러 원대한 계획들 중에는, 캘커타에 대학을 세워 갓 인도에 도착한 동인도회사 직원들에게 지역언어와 법률제도를 가르치는 것도 포함되어 있었다. 동인도회사의 젊은 영국인 직원들이 지역언어, 법률 및 기타 과목들을 익혀두면 그들이 새로 맡게될 업무에 대비할 수 있고, "능력, 성실, 덕행 및 신앙의 확고한 토대 위에 인도에 대영제국을 건설"하는 데 보탬이 되리라는 것이 그의 생각이었다. 동인도회사 이사회는 당초 웰즐리 총독이 품었던 계획의 규모를 상당히 축소하긴 했으나, 1800년도 말에 포트윌리엄 대학을 설립함에 따라 결과적으로는 웰즐리의 계획이 부분적인 성과를 거둔 셈이었다.

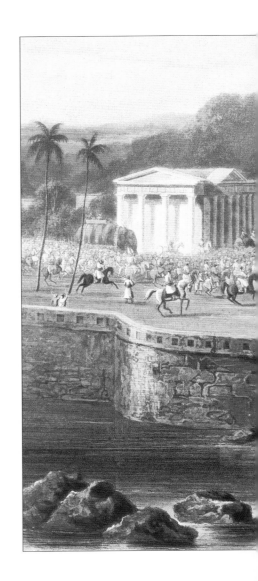

손님으로 방문중인 고관대작들이 개선문 아래를 통과해 하이데라바드의 총독대리 공관으로 들어서고 있다. 하이데라바드 공관은 캘커타에 있는 웰즐리 경의 총독 관저를 본떠서 웅장하게 건립했다. 그곳의 총독 대리는 "권위란 눈에 보이는 것이거나 느낄 수 있는 것이어야 한다"고 주장하며, 그러한 사치의 과시를 정당화했다.

침례교 소속의 선교사 윌리엄 케리는 웰즐리 총독과 뜻을 같이하여, 1801년에 포트윌리엄 대학의 교수가 되었다. 그러나 케리의 교수 임용을 의아하게 받아들인 사람이 여럿 있었다. 19세기 초까지도 동인도회사는 영국령 인도에 거주하는 유럽 인이라면 의무적으로 체류허가를 받도록 했으나, 기독교 선교사들에게는 그들의 개종노력이 힌두 교도와 이슬람 교도 주민들을 자극할 것을 우려해 여전히 체류허가를 내주지 않고 있었다. 그러나 비공식적으로는 웰즐리 총독과 같

은 영국관리들이 선교사들의 활동을 지원
해주었다.

윌리엄 케리는 1761년에 잉글랜드 중
부지방에서 직조공의 아들로 태어났다.
그는 정규교육을 거의 받지 못했으나, 외
국어에 소질이 있어 젊은 시절에 그리스
어를 독학으로 습득했다. 그는 구두 만드
는 기술을 익힌 후, 마을학교의 교사 자
리를 얻었으며, 그 시기에 침례교인이 된
다. 그리고 제임스 쿡 선장의 항해기를
읽고 난 다음에는 해외에 복음을 전파하
는 계획에 남다른 흥미를 가졌다. 1793년
6월, 케리는 이미 벵골 지방에서 선교활
동을 한 경험이 있는 동료 선교사 존 토
머스와 더불어 침례교 선교협회의 후원하
에 인도로 향했다. 인도로 가는 것을 탐
탁찮게 여기던 케리의 아내 도로시 케리
도 어린 네 자녀들을 데리고 따라 나섰다.

그러나 윌리엄 케리 일행은 영국측이
발행하는 체류 허가서를 얻지 못했다. 그
리하여 덴마크 선박의 승선권을 예약한
그들은 1793년 11월에 벵골에 도착했다.
배가 후글리 강 어귀에 정박하자 토머스
와 케리는 상륙해 가장 가까운 곳에 있
는 시장으로 갔고, 그곳에서 토머스가

한 프로테스탄트 선교사가 기독교 교리를 설명하고 있고, 그 옆의 인도인 조수
는 그것을 통역해주고 있다(위). 케리와 같은 선교사들은 문시(인도인 통역)와 펀
디트(법학자)들의 도움으로 현대와 고전 인도어들을 말하고 읽는 법을 배웠다.
오른쪽 그림은 케리가 펀디트인 미튠자이와 함께 공부하는 모습이다.

설교를 시작했다. 케리는 그곳의 인도인들이 호의적인 관심을 가지고 지켜보는 것을 보고서 장차 선교사업이 성공할 수 있다는 희망을 가졌다.

토머스와 케리는 인도에 도착한 지 반년 만에 뜻밖의 행운으로 일자리를 구해, 강어귀에서 약 480km 상류지점에 있는 인디고 염료공장들을 관리하게 되었다. 그곳은 호랑이, 뱀, 악어 따위가 출몰하는 지역이었으나, 케리는 상관하지 않았다. 케리는 호랑이들은 사람보다는 가축을 이따금씩 습격했다고 썼다. "사람들은 악어에는 별 관심이 없었다. 문에서 약 10m 정도의 거리에 있는 연못에 악어 한 마리가 살았으나, 나는 매일 밤 문을 열어둔 채로 잠을 잤다."

윌리엄 케리의 새 일은 무척 만족스러운 것이었다. 넉넉한 급료에다가 쾌적한 2층짜리 벽돌집이 제공되었으며, 인디고 염료공장의 관리인이라는 자격으로 영국령 인도에서 일하고 생활할 수 있는 체류 허가서를 취득할 수 있었다. 연중 공장일이 바쁜 시기는 인디고가 가공되는 석 달뿐이어서, 선교사업을 수행하려면 반드시 필요했던 인도언어들을 익힐 시간도 넉넉했다. 케리는 이미 덴마크 선박의 선상에서 토머스와 함께 벵골 어 공부를 시작한 상태였으며, 람 바수를 문시(말을 가르치는 가정교사)로 삼은 다음에는 더욱 공부에 열중했다. 그리하여 인도에 도착한 지 1년이 안 되어 케리는 벵골 어로 설교를 할 수 있게 되었다.

벵골 어를 공부하게 되면서부터 케리는 고전 산스크리트 어에도 관심을 가졌다. 그는 산스크리트 어 문법을 영어로 정리했으며, 벵골 어, 산스크리트 어 및 영어를 찾아볼 수 있는 사전을 편찬하기 시작했다. 그와 람 바수는 성경을 벵골 어로 번역하는 작업도 했다. 그는 또한 인도 소년들을 위한 학교를 세워, 그들에게 페르시아 어, 산스크리트 어, 성경, 과학 및 수학을 가르쳤다. 케리와, 특히 의사였던 토머스는 병든 이와 다친 이들을 돌보는 일에도 힘썼다. 의료혜택을 거의 받을 수 없었던 가난한 농촌지역에서 토머스의 봉사는 경우에 따라서는 더할 나위 없이 소중한 것이었다.

케리는 인도에서 보낸 첫 7년 동안 자신의 가족을 부양하고 선교사업 비용을 충당하기 위해 일했으며, 공부와 가르치기, 번역 및 설교도 계속했다. 그가 보기에 처음에는 90명의 공장일꾼들은 언제라도 개종할 준비가 된 사람들 같았다. 그러나 알고 보니 그들은 케리가 예상한 것보다 훨씬 개종시키기 어려운 사람들이었다. 한번은 인디고 염료공장이 조업을 개시하기 전날에 일꾼들이 케리를 찾아와서 칼리 여신에게 바칠 제물 이야기를 꺼냈다. 선교사 케리는 다른 인도인들에게 그랬던 것처럼 그들에게도 "우상숭배의 어리석음과 사악함"에 관해 설교했다. 얼핏 보기에 일꾼들은 공손한 태도로 설교에 귀기울이는 듯했다. 하지만 그들은 자리를 떠난 다음에는 케리를 대신해 칼리 여신에게 양 한 마리를 제물로 바쳤다.

케리는 다른 지역에서도 설교를 시도했다. 이 마을에서 저 마을로 작은 배를 타고 이동하며 케리와 토머스는 자신들의 말에 귀 기울이는 모든 사람들에게 기독교에 관해 이야기해주었다. 그러나 케리는 처음 몇 년 동안은 인도인들을 한 명도 개종시키지 못했다.

1799년 10월에 영국 출신의 침례교 선교사 8명과 그 가족들이 인도에 도착했다. 영국관리들과 마찰이 있었던 그들은 캘커타에서 북쪽으로 약 24km 떨어진 곳에 위치한 덴마크 인 정착촌 세람푸르에 정착했으며, 케리의 가족들도 곧 그들과 합류했다. 선교사들은 재원을 분담해 건물이 몇 채 딸린 얼마간의 토지를 매입했다. 그 건물들 중 한 채는 예배당으로, 나머지는 주거와 사업을 위해 이용했다. 가장 중요한 일은 인쇄기를 설치해 케리의 번역물과 기타 출판물들을 발간하는 것이었다. 케리는 값싼 성경책들을 인쇄해 널리 보급하기로 마음먹었다.

영국에서 새로 온 선교사 일행들 중 조슈아와 한나 마슈먼 부부는 유럽 아이들을 위한 기숙학교를 열어, 라틴 어, 그리스 어, 고전 히브리 어, 페르시아 어, 산스크리트 어 등의 과목을 가르쳤다. 학교운영은 곧 순조로워졌다. 기숙학교와 출판사업의 수익금을 선교사업에 재투자해, 벵골 소년들을 위한 무료학교 운영과 같은 사업들의 자금을 조달했다. 1800년 12월에는 최초의 인도인 개종자가 세례를 받았다.

1801년에는 케리가 번역한 벵골 어 〈신약성서〉가 출간되어 그의 개인적 명성이 빛났다. 동인도회사는 공식적으로 선교사업을 허용하지는 않았으나, 케리는 벵골 어 〈신약성서〉 한 권을 웰즐리 총독에게 보냈다. 케리는 이전에 캘커타에서 동인도회사 소속의 목사를 만났을 때부터, 웰즐리 총독은 선교사들이 활동한다는 사실을 알고 있으며 그것을 전혀 문제삼지 않고 있음도 알게 되었다. 케리는 그 목사가 "우리들은 도심 어디에서나 설교를 할 수도 있음을" 확신하고 있었다고 썼다.

그 무렵 웰즐리 총독은 포트윌리엄 대학에서 언어를 가르칠 사람을 필요로하고 있었다. 그러나 앵글로–인디언들 중에서 인도언어들을 가르칠 능력을 갖춘 사람은 극히 드물었다. 포트윌리엄 대학에서는 인도인 펀디트(학문을 익힌 브라만)들과 문시들을 고용했으나, 그들을 교사나 교수로 임용하지는 못하도록 되어 있었다. 케리가 〈신약성서〉를 번역한 지 한 달이 지나자, 웰즐리 총독은 대학에서 케리를 고용해 벵골 어와 산스크리트 어를 가르칠 수 있도록 재가해주었다.

케리의 첫번째 과제는 학생들을 위해 벵골 어로 씌어진 교재를 만들어내는 일이었다. 벵골 어로 씌어진 대부분의 책들은 운문 형태였으나, 케리는 산문이 필요했다. 람 바수가 케리를 도와 벵골의 어느 왕에 관한 역사서를 썼는데, 그것은 "벵골 어로 씌어진 최초의 산문집"이었다. 그는 산스크리트 어로 된 이야기 몇 편도 번역했다. 케리는 수년 전에 착수했던 산스크리트 어 문법책과 3개 언어를 대조할 수 있는 사전 편찬작업도 병행했다.

케리는 1806년 친구에게 띄운 편지에서 캘커타에서의 전형적인 일상을 기술했다. 그는 새벽 5시 45분에 일어나 고전 히브리 어로 된 성경의 한 장을 읽었다. 7시에 아침식사를 하기 전에, 기도 시간, 문시와 함께 페르시아 어 읽기, 그리고 힌두스탄 말로 된 성경의 구절들을 정독하는 시간이 있었다. 아침식사 후에 그는 펀디트 한 명과 자리에 앉아 산스크리트 어로 씌어진 대서사시 〈라마야나〉를 영어로 번역하는 작업을 했다. 10시에 수업을 시작해, 이른 오후까지 수업이 계속되었다. 수업이 끝나면,

위험한 여행

19세기 초에 상인과 순례자들이 인도여행을 떠나는 것은 일종의 모험으로서, 인도북부의 중심지에서는 노상 강도와 살인이 빈번하게 발생했다. 영국인들은 이러한 범죄들의 원인을 '서기'라고 하는 독특한 의식에서 찾았다. 영국 식민당국에 따르면, 서그(thug)라고 알려진 강도들이 여행자들을 불러 세워서는, 파괴를 상징하는 힌두 교의 여신 칼리에 대한 충성으로서 그들의 목을 조르고 강도짓을 했다고 한다(아래).

1820년대 인도 중북부의 자발푸르에 주둔했던 동인도회사 소속의 장교 윌리엄 슬리먼(왼쪽)은 서기를 근절시키려고 노력한 사람이었다. 그는 서그 조직에 속한 자들을 심문하고 그들의 계보를 작성해, 그들이 서기 행위를 세습하고 있음을 입증했다. 1836년에는 서그 조직에 속한 자들에게 당국이 유죄를 선고할 수 있도록 하는 법령이 통과되었는데, 이는 살인보다 유죄입증이 쉬운 혐의였다.

늦은 오후의 저녁식사 전까지 벵골 어 〈구약성서〉 교정작업을 했다.

저녁이 되면 그는 복음서들을 산스크리트 어로 번역하는 작업에 매달렸고, 또 다른 펀디트로부터 텔루구 어 강의를 들었으며, 신도들을 위해 설교문을 작성하고 설교를 했다. 잠자리에 들기 전에 그리스 어 성경독본을 읽을 시간과, 당연히 친구에게 편지 쓸 시간이 남아 있었다. "학습시간은 조금씩 차이가 나지만, 하루 일과가 대략 이처럼 짜여져 있어서 다른 일정은 엄두도 낼 수 없다네"라고 쓰며 케리는 편지를 마쳤다.

케리는 주말이 되면 배를 타고 여러 선교활동들이 활발했던 세람푸르로 향했다. 그 당시 케리의 인쇄사업은 자체 활자와 인쇄용 잉크를 생산해 판매하는 수준에까지 이르렀으며, 때마침 수요를 충족시켜줄 제지공장도 보유하게 되었다. 그는 곧 충분한 수입이 생겨 벵골의 다른 지역에 있던 선교 거점들에 자금을 공급할 수 있었다. 케리는 인도인 펀디트들을 상당수 고용해 성경번역이라는 대사업을 추진했다.

설교 역시 계속되었다. 케리와 다른 선교사들은 모든 사람들이 기독교 선교사들의 개종 노력을 고맙게 여기지는 않는다는 사실을 깨닫게 되었으며, 특히 힌두 교 및 이슬람 교의 관습과 신도들을 비난하며 그들에게 접근했던 초기에 그런 경향이 뚜렷했다. 케리는 선교활동 초기에 한 브라만을 만난 자리에서, "거짓말이 이 나라에서는 흔한 관습이어서, 1,000명 중에서 상습적으로 거짓말하지 않는 자를 한 명도 찾기 힘들 것입니다"라고 노골적으로 말하기도 했다.

그리고 나서 케리는 그 브라만을 상대로, 신이 힌두 교도들에게 힌두 교 성서인 〈샤스트라〉를 보냈다는 믿음에 의문을 제기했다. 케리는 신이 이슬람 교도들에게는 〈코란〉을 보냈는지 물었다. 브라만은 그렇다고 대답하며, "신은 힌두 교도와 이슬람 교도 양자 모두를 창조했으나, 그들에게 각기 다른 삶의 방식을 부여한 것이지요"라고 했다. 그러나 케리는 신과 접촉할 수 있는 길에는 여러 가지가 있다는 힌두 교의 믿음을 받아들일 수 없었다. 케리는 브라만에게, "만약 그렇다면, 신이 슬기롭지도 않으며, 일관성도 없는 것입니다. 그러한 온갖 어리석은 숭배는 신이나 인간들에게 어울리지 않습니다"라고 말했다.

인도인들에게 접근해 선교활동을 한 것은 케리 혼자만이 아니었다. 인쇄공장을 운영했던 윌리엄 워드는 어느 이슬람 교도와 논쟁을 벌이다가, 이슬람의 선지자 마호메트를 가리켜 살인자이자 간음자라고 했다. 그런 식의 비난은 갈등을 야기하게 마련이었다. 세람푸르에서는 브라만들이 선교사들의 설교내용을 따지러 왔으며, 그들은 침례교 선교사들에게, 케리의 말을 빌리자면 "악의를 품은 자들이 생각해낼 수 있는 온갖 모욕적인 말들을 총동원해" 폭언을 퍼부었다. 케리를 비롯한 일부 선교사들이 결국 깨닫게 된 사실은, 인도인들은 힌두 교나 이슬람 교를 깎아내리는 말보다는 기독교의 긍정적인 측면에 대한 논의에 더 호의적인 반응을 보였다는 점이다.

1806년에는 마드라스에서 서쪽으로 약 130km 떨어진 곳에 위치한 벨로르라는 외진 도시에서 선교사들과 영국인들을 한층 더 곤혹스럽게 만드는 사건이 발생했다. 훗날 이 사건의 가장 직접적인 원인은 식민지 당국이 내린 금지령 때문이라는 결론이 났는데, 그 내용은 인도인들의 이마에 그려진 종파를 나타내주는 표시를 지우도록 하고, 터번 대신에 가죽과 깃털로 만든 유럽식 모자를 착용할 것을 의무화하는 것이었다. 영국인들은 그러한 금지령이 힌두 교 신앙에 배치된다는 사실을 무시했다. 이에 그 지역의 세포이들이 들고일어나 유럽 인들 및 그들에 충성했던 세포이 129명을 살해했으며, 그후 벨로르를 수복한 영국측에서는 보복으로 인도인 350명을 처형했다.

일각에서는 이 사건이 일어난 것은 선교활동이 불안정을 야기했기 때문이라 여겼다. 이전부터 선교사들의 활동을 인도문제에 관한 개입으로 여겨 탐탁찮게 여겼던 동인도회사의 노련한 관리들은 선교활동에 대한 반대의 목소리를 더욱 높였다. 총독대리 조지 발로 경은 벨로르 사건 이후에 짧은 기간 동안 선교활동을 제한했으나, 곧 일부 제한조치들은 완화시켰다. 그러나 힌두 교와 이슬람 교를 비난하는 소책자 배포 및 야외설교는 여전히 금지시켰으며, 기독교로 개종한 인도인들은 세람푸르 지역에서만 전도활동을 할 수 있도록 허용했다.

그로부터 6년 후에 또 한 차례의 폭풍우가 몰아쳤다. 1812년 3월 11일 밤, 세람푸르에 자리잡은 인쇄소의 책상에 앉아 있던 윌리엄 워드는 무엇인가가 타는 냄새를 맡는다. 그는 깜짝 놀라 자리를 박차고 일어났으며, 곧 종이창고에 화재가 발생했음을 알았다. 워드는 도움을 요청하며 이리저리 뛰었고, 사람들은 양동이를 들고 필사적으로 불을 끄려고 노력했으나, 인쇄소 건물은 전소되었다. 캘커타에서 급히 달려온 케리는 눈물을 글썽이며 화재로 주저앉은 인쇄소 건물을 거닐었다. 그는 "하루아침에 수년간의 노고가 잿더미로 변해버렸다"라며 슬퍼했다. 성경 번역본들, 여러 언어를 대조해볼 수 있는 사전 및 〈라마야나〉 번역본 등을 비롯한 많은 것들이 소실되었다. 그러나 침례교 선교사들은 천천히 건물을 재건했다.

말쑥하게 정장군복을 차려입은 톰 로가 총독 관저에서 개최된 무도회에서 캘커타의 사교계 인사들에게 깊은 인상을 심어주려 애쓰고 있다. 그러나 기대와는 반대로 톰 로가 아르메니아 출신의 부부와 담소를 나누던 중, 그의 허리에 찬 칼에 걸려 춤추고 있는 어느 여성의 드레스가 찢어지고, 그의 발에 드레스 단이 밟혀 찢어지고 있다.

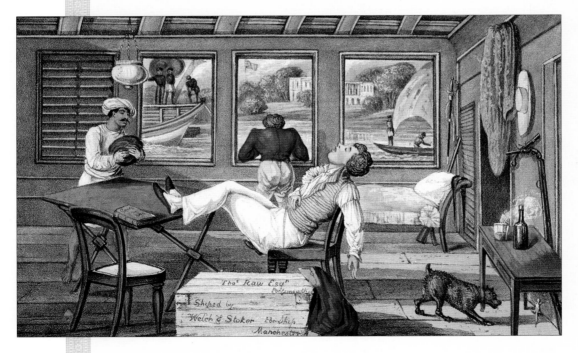

배를 타고 첫 근무지로 향하는 톰이 경치구경보다는 낮잠에 빠져 있고, 동료 여행객은 강가의 경치를 감상하느라 여념이 없다(왼쪽). 오른쪽 그림은 사냥 중에 호랑이 한 마리가 톰이 타고 있는 하우다에 오르려 하자, 겁에 질린 톰이 급히 도망가려는 장면이다. 옆의 코끼리를 타고 있는 경험 많은 동료가 호랑이를 신속하게 해치우고 있다.

| 그리핀과 카바브 마을 |

인도에서 오랫동안 거주했던 두 사람, 찰스 도일리 경과 조지 앳킨슨 대위는 앵글로-인디언들의 삶을 풍자한 책들을 써서 인도에 살던 동포들의 거만함을 풍자했다. 이 두 저자들은 인도를 잘 알고 있었다. 캘커타 출신으로 영국에서 교육받은 도일리는 영국 동인도회사에서 근무하며 법원서기에서 아편관세징수관에 이르는 다양한 일들을 경험했다. 그는 1828년에 발간된 〈그리핀 톰 로의 좌충우돌 성공기〉라는 책을 쓰고 삽화를 그려넣었는데, 이 책은 영국 동인도회사 군대의 어느 실수투성이 사관의 출세를 풍자하고 있다. 그리핀이란 인도에서 근무하는 군인들 중에서 영국에서 온 지 얼마 되지 않은 신참들을

가리키는 속어였다. 톰 로의 부모들은 비좁은 집에서 톰을 내보내려고 사관에 지원하도록 했는데, 톰은 신참들 중에서도 유별나게 실수가 잦았다. 톰은 새로운 근무지로 이동하는 중에 후카와 인도의 무희들에 넋이 빠진 나머지, "후진하는" 팰런킨 바닥으로 빠져 땅바닥에 나동그라지기도 한다. 그러나 젊은 사관 톰 로는 잦은 실수에도 불구하고, 순전히 우연으로 군대의 영웅이 되어 승승장구하게 된다.

영국 동인도회사 벵골 군 공병대 대위였던 조지 앳킨슨은 1859년에 출간된 풍자서인 〈카레라이스 40인분〉을 썼으며, 그 삽화를 그렸다. 그는 이 책에서 희화화된 영국인들이 넘쳐나는, 인도의 카바브라는 조

그마한 가공의 거류지를 설정한다. 안주인 이사벨라 바일은 무슨 일이 있을 때마다 잔치를 위한 구실로 삼으며, 일단 잔치를 베풀면 "손님들의 동물적 식욕과 자신의 사교성향을 동시에 충족시킨다." 인도인 옷감장수들과 그들이 가져오는 물건들이 없다면, 카르다몸 부인은 지루해서 미칠 지경이다. "비계를 생각나게 하는" 조지아 진저 목사는 "신경과 사탕과자, 교리와 맵게 양념한 콩팥"은 "떼려야 뗄 수 없는 것"이라 믿는다.

앳킨슨은 〈카레라이스 40인분〉의 서문을 통해 "여왕 폐하의 동양 영토"에서 "앵글로-인디언들의 삶의 방식이 어떠한지"를 보여주겠다고 다짐하고 있다. 앳킨슨과 도일리는 독자들에게 즐거움을 주기 위해 책을 썼다. 그러나 영국의 독자들이 그들의 책을 사랑한 것은 책에 담긴 기지와, 그들이 앵글로-인디언들의 삶을 독특한 시각으로 들여다보았기 때문이었다.

카바브라는 가공의 마을에서 이사벨라 바일과 그녀의 남편이 부라 카나, 즉 '푸짐한 만찬'을 베풀어주고 있다. 하지만 앳킨슨은 〈카레라이스 40인분〉에서, 이러한 행사들에 참석해보면 "맛있는 고기냄새가 런던의 안개처럼 가득해 몹시 부담스러우며 불쾌"하다고 개탄했다.

카르다몸 부인이 극성스러운 장사꾼들에 둘러싸인 채로 집에서 옷감을 고르고 있다. 조지 앳킨슨은 옷감장수들이 "영국의 딸들에게 안전판"을 제공해주고 있다고 찬사를 보냈다. 그는 이들을 통해 영국출신 여성이 "생기를 앗아갈 수 있는 지루함과 무감각한 나태함에서 벗어날 수 있었다"고 썼다.

카바브 마을의 진저 목사가 "독실한 몇몇 신자들이 예배를 보며 무릎을 꿇고 있다가 몸을 추스르기도 전에" 설교단에서 빠져나와, 곧바로 예복을 벗고 엽궐련에 불을 붙인 후에 "식당에서 뜨거운 커피가 식기라도 하는 듯" 잽싸게 교회를 빠져나가고 있다.

카바브의 공중목욕탕에서 남자들이 면도를 받고 있거나, 양가죽에 바람을 넣어 만든 무소크라고 하는 "꿀불견인" 부낭을 타며 놀고 있다(왼쪽).
앳킨슨은 "객관적인 관찰자가 '무소크'라는 말을 꺼내면 그것은 부낭 자체를 가리키는 것이 아니라, 언제나 부낭을 타는 사람을 의미하는 것" 이라고 적고 있다.

개인적인 비극도 발생했다. 이질, 간염 및 콜레라 같은 질병들이 몇몇 선교사들과 그 가족들의 목숨을 앗아 갔다. 케리 부부는 인도 도착 초기에 다섯 살배기 아들을 잃었다. 아들의 죽음과 인도생활에서 오는 지속적인 긴장이 겹쳐, 도로시 케리는 정신병의 나락으로 떨어졌다. 그녀는 몇 년 동안 극심한 고통을 겪다가 1807년에 세상을 떠났다. 윌리엄은 그런 와중에도 자신의 일을 지속적으로 해나갔다. 그는 한번은 자신의 조카에게 "나는 걸을 수 있고, 목표가 분명한 것이라면 굴하지 않고 달성할 수 있단다. 이것만으로도 온통 빚을 지고 있는 셈이지" 라고 말한 적이 있다.

하지만 케리에게는 커다란 슬픔이 하나 남아 있었는데, 그것은 인도인들을 더 많이 개종시키려는 선교활동이 실패한 것이었다. 개종한 인도인들도 있었으나, 그 수가 많지는 않았다. 선교사업의 실패가 케리의 노력이 부족한 탓이 아니었던 것만은 확실하다. 그보다는 선교사들 스스로가 자신들의 길에 장애물을 설치했다고 볼 수 있다. 설교방식이 이따금씩 모욕적이었던데다가, 그들이 영향을 미치려 했던 인도사회에서 그들은 여전히 이질적인 외부인으로만 머물렀으며, 인도적인 방식에 대한 이해도 부족했던 것이다. 이를테면, 세람푸르의 공문서에는, 인도음악이 "하나님에게 불경스러운 의식들"을 마음속에 떠올리게 하는 "혐오스러운" 것으로 묘사되는 식이었다. 케리와 동료 선교사들은 영국식의 성직자 복장이 열대기후에 썩 어울리지 않는다는 점을 잘 알고 있었으나, 그러한 복장을 고집했다. 어느 선교사는 모직으로 짠 성직자 복장으로 설교를 하는 바람에, 주머니에 넣어둔 종이들이 땀 때문에 까맣게 물들어버렸다고 불평하기도 했다.

인도인들은 선교사들의 말을 한 귀로 흘려들었는지 몰라도, 영국관리들은 달랐다. 1813년에는 영국령 인도에서 선교활동을 금지하는 법률조항이 삭제되었다. 새 조항에는 아대륙 인도에서 '종교와 도덕의 개선'을 장려하는 것을 영국의 의무로 규정했다. 많은 사람들은 기독교가 인도에서 절실히 요구된다고 확신하고 있었다. 그러나 그들은 또한 새롭게 개종한 인도인들이 영국의 이익을 확보하는 데 보탬이 되어 주리라고 기대했다.

케리는 선교사로 계속 일하다가 1834년 6월에 숨을 거두었다. 그는 인도에 머물며 산문집, 사전, 문법책 및 기타 출판물을 통해, 벵골 어와 기타 인도어들에 상당한 기여를 했다. 인도인들을 위해 학교를 열었으며, 병든 사람들에게는 치료받을 수 있도록 했다.

힌두 교 브라만이자 학자에다 개혁가였던 람모한 라이는 19세기 초 인도 지성사에서 중요한 역할을 했다. 종교와 문화에 관한 그의 견해는 영국 선교사들과 힌두 교 펀디트들 간의 격렬한 논쟁을 불러일으키며, 인도 민중들의 정치 및 사회의식 고양에 이바지했다.

1820년에는 인도식 농법의 개선을 희망해, 인도농업원예학회의 설립을 도왔다. 선교사로서 인도인들의 종교적 믿음과 관습을 무시하고 얕잡아볼 수도 있었으나, 그는 수십 년간의 삶을 자신이 선택한 인도에 헌신했다. 그는 사망하기 몇 년 전에 친구에게 보낸 편지에서, "마음은 인도와 하나가 되어, 내가 별 도움이 되지는 않지만 힘 닿는 대로 도움을 주는 것에서 기쁨을 느낀다네"라고 썼다.

브라만 출신의 개혁가 람모한 라이가 1820년에 쓴 글에 따르면, 대부분의 기독교 개종자들은 "진리와 합리성에 대한 확신보다는 다른 요인들에 이끌려 자신들의 신앙을 바꾸었다"고 한다. 라이는 침례교측에서 신앙강좌에 출석하는 사람들에게 약간의 돈과 숙식을 제공한다는 점과, 개종자들에게는 세람푸르에 있는 인쇄소와 제지공장의 일자리를 제공한다는 사실을 지적했다. 선교사들은 그러한 혜택을 제공하는 것은 개종자들이 그들의 마을에서 추방당하며, 심지어는 폭력의 위협에 직면하는 경우도 있기 때문이라고 주장했다. 그러나 라이에게는 그것이 인도인들, 특히 가난한 인도인들이 돈으로 개종을 강요당하는 것으로 비추어졌으며, 종교·사회개혁가인 라이는 그러한 행위를 끔찍한 것으로 여겼다.

1820년 혹은 1821년의 어느 날, 람모한 라이는 영국국교회 캘커타 주교 관저를 나서며 자신을 기다리고 있던 마차에 올랐다. 그는 마부에게 근처에 있는 자신의 친구 윌리엄 애덤의 집으로 가자고 말했고, 윌리엄은 전혀 방문을 예상치 못했던 친구 라이를 즉시 집안으로 맞아들였다. 라이는 다과를 들기도 했으나, 애덤에게 하인들을 내보내고 난 후에 요깃거리와 마실 것을 가져다달라고 부탁했다. 라이는 자신이 기독교도 가정에서 음식을 먹는 것이 눈에 띄면, 하인들이 그가 체면을 팽개쳐버렸다는 소문을 퍼뜨릴 것이 두려웠던 것이다. 정통 힌두 교도들로부터 계속해서 비난받고 있던 라이는 그러한 소문을 더 이상 감당할 여력이 없었다.

애덤과 단둘이 남게 되자 라이는 비로소 긴장을 늦추었다. 그는 조금 전 주교 관저에서 있었던 일을 애덤에게 말했다.

당초 라이는 주교의 초청을 받아 그의 관저를 방문한 것이었다. 그런데 그 곳에서 주교는 놀라운 제안을 라이에게 했다. 저명한 브라만인 라이에게 기독교로의 개종을 선언하라는 것이었다. 그는 개종 후의 미래를 그럴듯하게 설명하며, 장차 라이는 "대단한 지위"를 누리게 될 것이며, "그의 이름이 현대 인도의 성인으로서 후세에 남게 될 것"이라고 단언했다.

"확신이 서지 않는다면, 스스로의 양심에 물어보라!"

람모한 라이는 화를 내며 인사를 하고 나와버렸다. 그는 힌두 교, 기독교 및 여타 종교들을 연구하며 생애를 보내고 있었으며, 그것들과 관련된 진지한 공론에 관여해오고 있던 터라, 때로는 엄청난 개인적 희생도 감수해야 했다. 그럼에도 불구하고 주교는 뻔뻔스럽게도 가장 천박한 이유를 거론하며 그에게 신앙을 포기할 것을 권유했던 것이다. 애덤이 훗날 기록하기를, 주교가 개종을 권유한 이유는 "증험의 힘 때문도 아니었고, 진리에 대한 사랑이나 양심의 만족과 동포들의 이익을 위함도 아니었으며, 다만 라이가 개종을 함으로써 자신이 누리게 될 영예와 영광과 명성을 위해서였다"라고 했다.

증험, 진리, 양심 및 이타심이 람모한 라이를 움직이는 힘이었으므로, 그에게 그보다 더 심한 모욕은 없었을 것이다. 인도적인 세계와 영국적인 세계를 동시에 살아가던 그는 신앙이나 관습을 전적으로 거부하지도 수용하지도 않았다. 그는 동서양을 가리지 않고 최선의 것은 추구하려고 노력했으며, 그릇된 것이라 여겼던 것은 변화시키려고 노력한 사람이었다. 그것은 험한 길이었으며, 이따금씩 인도인들과 영국인들 양측으로부터 소외되기도 했다. 그러나 그는 "확신이 서지 않는다면, 스스로의 양심에 물어보라!"고 하며 자신의 길을 확신하고 있었다.

1772년생인 람모한 라이는 학문에 취미를 가진 유복한 브라만 지주 집안 출신이었다. 그는 젊은 시절에 산스크리트 어, 아랍 어 및 페르시아 어를 익혔으며, 이슬람 교에 흥미를 느꼈다. 25세 되던 해에 캘커타로 이사한 라이는 대부업자로 자리를 잡았다. 그곳에서 그는 인도와 유럽 출신의 지성인들과 우정을 쌓았으며, 연구분야도 확장되어 기독교는 말할 것도 없고, 영어, 라틴 어, 히브리 어 및 그리스 어를 아우르게 되었다.

그의 캘커타 친구들 중에는 포트윌리엄 대학의 학생이었던 존 디그비라는 청년이 있었다. 두 사람은 지적 관심을 공유해 서양문학의 고전들을 읽고 토론하며 여가시간을 보냈다. 영국인들과의 연줄을 감안해본다면, 라이가 동인도회사에서 일하게 된 것은 오히려 자연스러운 일이었다. 그리고 그것은 라이로 하여금 영어에 대한 지식을 향상시키고 유럽 정세를 더욱 잘 이해할 수 있는 훌륭한 기회를 제공해주었다. 라이는 동인도회사에서 일했던 기간의 대부분을 벵골에서 디그비와 함께 근무했다. 비서로 출발한 그는 계속해서 법원관리로 일했고, 마지막에는 디완, 즉 징세관의 보좌관으로 근무했다. 그 자리는 자신의 능력과는 무관하게, 19세기 초의 인도인들이 동인도회사에서 꿈꿀 수 있는 최고의 자리였다.

라이가 동인도회사에서 근무하기 이전에 이미 그가 보유했던 부동산은 불어나 있었고, 1815년경에는 보유 부동산 규모가 상당해 안락한 생활을 누릴 정도가 되었다. 그는 급료를 지급받던 일자리를 그만두고, 캘커타로 돌아가서 인생의 주안점이었던 지적 호기심 충족에 전념했다. 캘커타에서 그는 종교와 철학의 문제들을 토의하기 위해 뜻을 같이하는 사람들이 모인 아트미야 사바(동반자들의 연구회)를 창립했다.

라이는 〈우파니샤드〉와 베단타 경전들을 연구한 후에, 힌두 교는 원래 일신교로서 영성을 강조하던 것이 점차 우상숭배를 수반하는 의식들이 복잡하게 얽힌 종교로 수세기에 걸쳐 변질되어왔음을 확신했다. 그는 1803년에 펴낸 〈일신교 신자들에게 바치는 선물(A Gift to Monotheists)〉이라는 제목의 소책자에서 그러한 미신과 우상숭배에 대해 경멸을 퍼부었다. 그는 힌두 교 개혁을 열망했으며, 캘커타로 돌아간 후에는 그러한 생각들을 정립시켜나갔다.

라이는 또한 힌두 교도들은 수티 의식을 폐지해야 한다고 믿었으며, 모든 여성들이 자발적으로 남편 장례식의 화장용 장작더미에 올라가 목숨을 끊는

위의 판화는 1851년 〈일러스트레이티드 런던 뉴스〉에 게재된 것으로서, 앵글로-인디언 주민들이 캘커타의 힌두 교도 여성들을 위한 학교의 개교를 축하하기 위해 모인 장면이다. 영국 식민당국의 개혁론자들은 여성들을 정통 힌두교의 근간으로 여겨서 여성교육을 사회변화의 관건으로 보았다.

것은 아니라고 주장했다. 캘커타로 돌아온 후에 발간한 수티에 관한 소책자에서 그는 대부분의 인도여성들이 일생 동안 직면하게 되는 비참한 처지에 관해 썼다. "내가 개탄하는 것은 인도여성들이 종속적이며 온갖 고통에 노출되어 있음을 목격하고도 연민을 느끼지 못한 채 그들을 묶어서 태워 죽이는 의식이 존속된다는 점이다"라고 그는 썼다.

람모한 라이는 자신이 품었던 개혁에 대한 열망 때문에 정통 힌두 교도들의 분노를 샀는데, 그들은 라이가 힌두 교 의식들을 공공연히 규탄한 것에 배신감을 느꼈다(라이의 어머니는 심지어 배교를 이유로 그를 폐적시키려 했다). 힌두 교도들은 인도의 신앙과 관습을 거의 이해하지 못하는 듯한 영국관리들과 선교사들로부터의 위협에 이미 직면하고 있던 마당에, 그들의 관습에 이의를 제기하는 인도인 힌두 교도를 원하지 않았던 것이다.

그러나 라이는 자신이 진정한 힌두 교 정신을 파괴하는 것이 아니라 되살리고 있다고 믿었다. 그는 기독교인들과 활발히 의견을 주고받았으며, 세람푸르의 선교사들을 방문했고, 심지어는 유럽 인들을 자신의 집으로 초대하기까지 했다. 하지만 그는 항상 힌두 교도로서의 정체성을 고집했고, 신분에 걸맞은 자신의 위상을 지키려 애썼다.

그럼에도 불구하고 캘커타 주교 말고도 람모한 라이의 신앙과 본심을 오해한 기독교도들이 있었다. 세람푸르의 선교사들은 그의 개종을 기정사실로 받아들였으나, 그가 〈예수의 가르침(The Precepts of Jesus)〉이라는 책자를 발간하자 생각을 달리했다. 라이는 예수의 윤리적 가르침들을 정리한 이 책을 '평화와 행복'으로 가는 일종의 지침서로 내놓았으며, 그는 책에서 나사렛 예수를 하나님의 아들이 아니라 도덕적 스승으로 인식했다. 이에 분개한 세람푸르의 선교사 조슈아 마슈먼은 라이를 '이교도'로 몰아세웠다. 라이는 두 번째 책에서는 자신을 헐뜯는 자들에게 비판의 화살을 돌림과 동시에 스스로를 변호했다. 영국인 선교사들은 영국인과 인도인 사이의 차이점을 진정으로 이해하지 못한 채 인도인들을 개종시키려 해왔다고 라이는 주장했다. 바로 그 점이 영국 선교사들의 성과가 미미했던 이유들 가운데 하나라는 것이었다.

라이는 생애의 상당 기간을 교육분야의 개혁에 전념했다. 1822년에 그는 학생들에게 영어를 가르치는 앵글로-힌두 학교 설립을 도왔다. 더욱 주목할 만한 것은, 1823년에 캘커타에 산스크리트 칼리지를 설립하고자 했던 영국 식민당국의 계획에 그가 반대의견을 내놓았다는 사실이다. 그는 총독에게 편지를 띄워, 젊은이들이 산스크리트 어를 배우면 그들의 머리는 "실질적인 활용가치가 거의 없거나 전혀 없는 세부적인 문법사항들과 형이상학적 문장들"로 가득 차게 될 것이라고 주장했다. 그는 그런 곳에 돈을 쓰니 차라리 "여타의 유용한 학문들과 더불어 수학, 자연과학, 화학 및 해부학을 아우르는 보다 개방적이고 계몽적인 교육제도"에 투자하기를 바랐다. 헌신적인 학자였던 라이가 산스크리트 어 연구 자체를 반대한 것은 결코 아니었다. 그로부터 2년 후에 그는 베단타 칼리지를 설립해 자신이 참 힌두 교를 구현하는 것으로 여긴 경전을 산스크리트 어로 연구할 수 있는 발판을 마련했다. 그러나 그는 인도인들이 보다 양질의 교육과 일자리를 제공받기 위해서는 서양식 교육과정을 접해볼 필요가 있다고 굳게 믿었다.

일부 영국 식민당국의 관리들이 라이를 도와서, 그가 인도인들을 위한 서양식 교육을 지원하도록 한 데에는 나름의 이유가 있었다. 식민당국은 행정부서의 하급관리 자리를 채워줄 교육받은 인도인들이 필요했으며, 또한 서양식 교육이 지배자와 피지배자 사이에 다리를 놓아줄 수 있기를 희망했던 것이다. 그러나 영국관리들 사이에서도 그러한 교육의 도입방식을 두고 의견이 갈라졌다. 일부 관리들은 전통적인 인도의 언어들부터 교육을 시작하는 점진적인 방식을 선호했다. 반면, 처음부터 서양식 교육과정을 확립하기를 원했던 관리들도 있었다. 1817년, 인도인과 영국인으로 이루어진 한 민간단체는 힌두 교를 믿는 인도 젊은이들을 대상으로 서양식 교육을 시행하는 힌두 칼리지라는 사립 교육기관을 설립해 점진적 접근법을 시도했다. 그리고 1823년, 식민당국은 경제적 어려움에 직면해 있던 힌두 칼리지에 재정지원을 해줌으로써 논란을 불러일으킨 두 가지 교육방식 중 점진적 교육방식의 손을 들어주었다.

영국 식민당국은 수티 의식 금지도 심각하게 고려하고 있었다. 라이 이외에도 수티에 반대하는 사람들이 있었다. 기독교 선교사들과 각 지역의 영국 관리들은 오래 전부터 수티 의식 금지를 주장해오고 있었다. 수티를 억제시키려는 한편으로, 공식적으로는 수티를 용인했던 당시 식민당국의 정책은 먹혀들지 않았다. 경관들이 동행해 여성이 강제로 수티를 치르지 않음을 확인했다. 그런데 불행하게도, 수티를 공개적으로 금지시키자 역효과가 나타났다. 의식의 화려함이 더해지고 그 중요성이 더욱 커진 것이다.

1828년 11월에 인도에 부임해 인도사회의 여러 측면을 영국화시키는 작업을 이끌었던 윌리엄 벤팅크 총독은 수티를 불법화시키는 준비단계로서 그 문제점들을 검토해보라는 지시를 내렸다. 새로 부임한 윌리엄 벤팅크 총독의 부관 한 명이 곧 람모한 라이를 찾아왔다. "총독이신 윌리엄 벤팅크 경께서 선생을 뵙고 싶어하십니다"라고 부관이 라이에게 말했다.

라이는 총독의 전언에 대해 심사숙고했다. 그가 생각하기에 총독의 초대는 의례적인 것에 불과한 것 같았다. 그는 다음과 같이 초대를 정중히 거절했다. "나는 이미 모든 세속적인 일들을 정리하고, 종교적인 수양과 진리탐구에 전념하고 있습니다."

부관은 벤팅크 총독에게 라이의 말을 전했다. 그러자 총독은 다시 한번 자신의 부관을 바라보며 말했다. "다시 가서 그에게 기꺼이 한번 만나러 오신다면, 윌리엄 벤팅크 각하께서는 무척 고맙게 여기실 것이라 전하게. 이번에는 총독이 아니라 개인 자격으로 말일세." 벤팅크가 총독이 아니라 개인 자격으로 초청하자 라이는 그제야 제의를 수락했다.

라이를 만난 벤팅크는, 식민지 당국은 수티를 전면적으로 불법화시킬 계획이라고 말했다. 라이는 수티 의식을 맹렬하게 반대하는 입장이었으나, 벤팅크 총독에게 그처럼 과격한 조치를 취하지 말도록 설득했다. 그는 수티 의식 치르기를 점차 어렵게 만들고, 경찰력을 은밀히 활용해, "조용히 그리고 눈에 띄지 않게" 억제하는 편이 나을 것이라고 권유했다. 만약 그렇게 하지 않으면, 대부분의 힌두 교도들은 종교문제에 개입하지 않겠다는 영국측의 이전의 약속이 인도에서 지배권을 공고화하기 위한 일종의 책략에 불과한 것으로 믿게 될 것이라고 라이는 경고했다. 영국인들이 최고 지배권을 확립한 이상, "첫 조치는 그들이 한 약속을 어기는 것이요, 그 다음은 아마도 우리 인도인들에게 자신들의 신앙을 강요하는 것이 될 것이다"라고 그는 주장했다. 그러나 수티를 영원히 금지시키려 작정한 벤팅크 총독은 라이의 경고에 아랑곳하지 않았다.

라이가 영국 식민당국의 정책을 재고하도록 설득한 것은 비단 수티와 관련된 문제만은 아니었다. 1828년에는 이슬람 교도와 힌두 교도들이 공동으로 서명한 청원서가 영국의회에 제출되었는데, 그것은 한 해 전에 발효된 새로운 배심원법에 항의하는 내용이었다. 새 배심원법에 따르면, 피고가 힌두 교도나 이슬람 교도일 경우에는 기독교도가 배심원을 맡을 수 있으나, 피고가 기독교도라면 힌두 교도나 이슬람 교도가 배심원을 맡을 수 없도록 되어 있었다. 힌두 교도나 이슬람 교도에게는 대배심원의 자격이 주어지지 않았으며, 이는 이슬람 교도나 힌두 교도가 재판을 받는다고 하더라도 마찬가지였다. "영국정부가 우리 인도인들과 협의하지 않거나 우리의 감정을 이해하지 않고 법령과 법규를 통과시키는 것을 목격하면, 나는 커다란 비애감을 느끼지 않을 수 없다"라고 그는 썼다.

1830년, 라이는 그토록 오랫동안이나 방문하기를 원했던 런던을 여행할

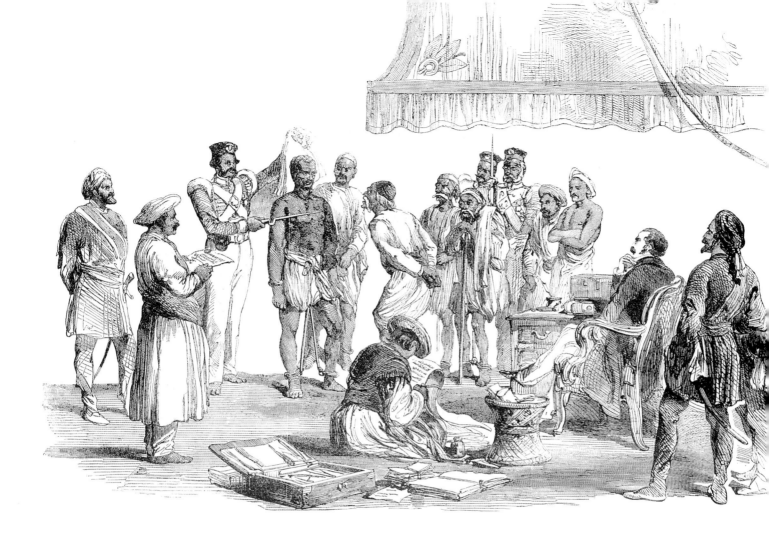

영국인 치안판사가 지켜보는 가운데 세포이 병사가 피고인의 퍼그리(터번 구실을 하는 스카프나 천)를 벗겨 승인자(정부측 증인으로 활동할 수 있도록 조건부로 사면된 기결수)들이 피고인을 더 잘 알아볼 수 있도록 하고 있다.

기회를 가졌다. 그는 무굴 제국 황제의 칙사로서 영국을 방문했는데, 황제는 보다 많은 연금을 받기를 희망하고 있었다. 하지만 라이는 그보다 더 중요한 것으로, 1833년에 갱신될 예정이었던 동인도회사 인도 특허법의 기본내용에 영향을 미칠 수 있기를 원했다. 그는 윌리엄 4세를 알현할 기회를 가졌고, 영국사회에서 귀빈대접을 받았으며, 무굴 황제를 위한 연금인상 제안도 성공적이었다. 그러나 동인도회사 특허장과 관련해 라이가 비공식적으로 영국의회에 제안한 건의는 무시되었다.

습기 많은 영국의 날씨는 라이의 건강에 악영향을 끼쳤다. 그는 건강이 악회되어 영국에서 돌아온 지 2년 만에 사망했다. 많은 사람들이 그의 죽음을 애도했으며, 영국의 주요 일간지 〈더 타임스〉는 "현시대에 그보다 더 비범한 인물은 없다"고 썼다. 한편, 그의 죽음을 아쉬워하지 않은 자들도 있었다. 정통 힌두 교도들 사이에서 그는 여전히 배교자였으며, 복음주의 기독교도들이 보기에 그는 지옥에 떨어질 이교도였던 것이다.

람모한 라이는 서양학문의 보급이 인도에 가져다줄 혜택을 믿었다. 그러나 동시에 그는 식민지배에 의한 불공정 역시 뚜렷이 인식하고 있었다. 라이는 종종 외세에 의한 통치의 불공정과 무관심이 가져다줄 영향에 대해 영국인들에게 경고했다. 그는 인도인들이 "자신들의 사회적 지위를 악화시키는 불공정하고 억압적인 조치들에 효과적으로 저항할 의지뿐만 아니라 그러한 용기를 지니게 될" 시기를 쉽사리 그려볼 수 있다고 마치 미래를 예언하듯 썼다.

1833년의 새 특허법으로 무역에서의 동인도회사의 역할은 끝이 나고, 그 대신 동인도회사는 인도통치에 전념하게 되었다. 인도에서의 유럽 인 정착촌 설립 금지조치가 해제되었으며, 또한 1835년에는 페르시아 어를 대신해 관공서와 법원의 공식언어로서 영어가 채택되었다. 교육을 위한 재원이 확충되었고, 영어를 가르치는 학교들이 인도 전역에 생겨났다.

그후 20년 동안에는 인도 전역에서 도로와 철도가 개통되었으며, 전신이 도입되었다. 사회개혁 조치는 더욱 가속되어, 힌두 교도 미망인들의 재혼을 금지하는 법률상의 장애가 철폐되었으며, 힌두 교도가 기독교로 개종한다고 해서 더 이상 유산을 상속받지 못하는 것도 아니었다. 영국관리들은 자기들이 인도인의 이익에 가장 부합되는 조치들을 취하고 있다고 확신했다. 따라서 그들이 인도에 도입한 여타의 개혁조치들이 야기할 혼란이나, 인도인들이 그러한 개혁조치들을 어떻게 인식하고 있는지에 대해서는 점점 더 무관심해졌다.

1848년에 인도총독으로 부임한 댈후지의 후작 제임스 브라운 램지는 이른 바 '실권 원칙(doctrine of lapse)'을 내세우며 독립적인 힌두 교 국가들을 동인 도회사의 직속 지배하에 편입시켜나갔다. 실권 원칙에 따르면 동인도회사는 후계자 없이 사망한 군주의 영토를 차지할 수 있었으며, 이것은 영국이 양자 를 합법적인 후계자로 인정하지 않기로 결정한 이후에 더욱 빈번해졌다.

또한 댈후지 총독은 두드러지게 실정을 행하는 나라들에도 이러한 원칙을 적용시키기로 했다. 그가 보기에 오우드가 그런 범주에 속했다. 실권을 빼앗 긴 그곳의 군주들은 내면세계를 탐닉했다. 러크나우의 영국인 주민들은 오우 드의 마지막 군주는 "완전히 자포자기해 환락, 방탕 및 저급한 욕망에 몸을 맡긴 듯하다"고 보고했다. 그리하여 1856년 2월에 영국은 오우드 나와브를 폐위시키고, 그에게 연금을 주어 캘커타 부근의 한 저택으로 쫓아버렸다. 이 러한 조치는 엄청난 분노를 야기시켰다. 과거 웰즐리 총독이 오우드의 두 지 역을 합병한 적은 있으나, 그래도 오우드는 여전히 영국의 충성스런 우방이 었다.

영국이 동맹국을 그런 식으로 대했다는 사실에 사람들은 큰 충격을 받았 다. 아울러 이 사건은 세포이 병사들에게 엄청난 영향을 미쳤는데, 그들 중 에는 오우드 출신이 매우 많았기 때문이다. 긴장은 점점 고조되기 시작했다. 영국인들은 외부세계와 점점 고립되어가던 유럽 인 거주지와 병영에서만 지 냈으므로 인도사회의 분노가 얼마나 큰 것인가에 대해서는 잘 모르고 있었 다. 댈후지의 뒤를 이어 인도총독이 된 찰스 캐닝은 1855년, 인도행 배에 승 선하기 직전에 다음과 같은 연설을 한 적이 있다. "우리는 인도의 하늘이 평 온하기는 하지만, 처음에는 손바닥만한 구름이 생겼다가 그것이 나중에는 점 점 더 커져 결국에는 우리를 파멸에 이르게 할 수도 있음을 잊지 말아야 합 니다." 찰스 캐닝의 이 말은 결과적으로 그가 예상했던 것보다 훨씬 더 예언 적인 것이 되고 말았다.

그로부터 불과 1년 후, 해리엇 타이틀러와 그녀의 가족이 델리에 도착했다. 해리엇의 남편인 로버트 타이틀러 대위는 델리 시에 갓 주둔하기 시작한 인도인 부대에 근무하고 있었다. 그들은 델리 시의 경계로부터 약 5km 떨어진 곳에 위치한 병영에 주둔하고 있었으며, 바로 그곳에서 타이틀러 부부와 그들의 가장 어린 두 아이들이 막사생활을 했다. 나머지 아이들은 영국에 있는 기숙학교로 보냈다.

영국은 로버트 타이틀러 대위가 이끌던 부대와 같은 인도인 부대만을 델리에 배속시켰다. 당시 델리 왕으로 불렸던 80세의 무굴 제국 황제 바하두르 샤 2세는 이미 붉은 요새의 화려함이 그 빛을 잃은 가운데 여전히 그곳에 살고 있었으나, 그의 왕조는 사실상 델리에서 떠나줄 것을 권고받은 상태였다. 이 인도지배의 상징을 제거하지 못해 안달이 난 댈후지 총독은, 바하두르 샤 2세는 자신이 왕으로 인정하는 마지막 인물이 될 것이라는 소문을 공공연히 퍼뜨리기까지 했다.

해리엇 타이틀러는 델리 외곽의 병영에서 특별한 일 없이 시간을 보내고 있었다. 그곳에서 아이들을 돌보고 하인들을 감독했다. 그 이외에는 별다른 일이 없었다. 그가 바깥으로 나가는 경우는 아침에 말을 탈 때와 저녁 시간에 선선한 바람을 쐬며 마차를 몰 때뿐이었으며, 방문자라고는 다른 장교들의 아내들이 유일했다. 해리엇은 11세 되던 1839년에 공부를 위해 영국으로 건너가긴 했으나, 그녀는 앵글로-인디언 2세대였다. 엄격한 고모와 생활했던 모국에서의 경험이 행복한 것은 아니었다. 따라서 그녀는 6년 후 인도로 되돌아왔을 때는 감격했으며, 1848년에 어린 두 아들이 딸린 홀아비였던 로버트와 결혼했다.

델리에서 몇 달을 보낸 타이틀러 부부는 인도인 병사들 사이에서 불만이 점점 커져가고 있음을 확연히 느낄 수 있었다. 영국인들이 인도인 병사들을 강제로 개종시키려 하는 것을 두려워했던 델리의 세포이들 사이에서 "반항의

| 인도대륙 횡단도로 |

맬후지 총독은 1856년에 인도를 떠나기 전날 밤, 자신은 아대륙 인도의 "소달구지" 문명에 "사회발전의 세 가지 커다란 원동력인 철도, 통일된 우편제도 및 전신"을 갖추어주려 노력했다고 적고 있다. 맬후지가 열거한 이러한 것들 이외에도, 영국은 인도의 관개망을 철저히 조사해 개선하기도 했다. 그러나 이러한 발전은 인도인들의 생활을 향상시키는 것임과 동시에, 세수증대와 지배유지의 수단이기도 했다.

인도에서의 영국영토가 점차 확장되자, 영국 식민당국은 인도의 구식운하와 저수지들을 보수하기 시작했다. 이로써 땅은 더욱 비옥해졌으며, 기근을 면하고 세수를 증대시키는 데에도 큰 보탬이 되었다. 이후에도 새로운 건설사업은 잇달았다. 1830년대 중반에는 인도남부의 고다바리 강을 가로지르는 대규모 댐이 건설되었으며, 북부지방에서는 길이가 약 800km에 이르는 갠지스 운하가 1854년에 완공되었다.

도로와 철도를 건설하게 된 직접적인 이유는 영국군의 이동을 쉽게 하기 위해서였다. 그러나 한편으로 도로와 철도를 이용함으로써 민간인 여행객들은 쉽고, 빠르게, 그리고 적은 비용으로 여행할 수 있었다. 1839년에는 캘커타와 델리를 연결하는 대간선도로 공사로 오지로의 접근이 쉬워졌으며, 이 도로는 이후에 펀자브 지역을 가로질러 서북지역의 국경지대에 있는 페샤와르까지 연장되었다. 작가인 루드야드 키플링은 "대간선도로는 인도교통의 2,400km를

갠지스 운하의 수원지역에 돌사자 상들이 웅크린 모습을 하고 앉아 있다. 갠지스 운하는 갠지스 강의 흐름을 델리 북쪽의 가뭄이 잦은 지역으로 돌려놓았다.

1865년, 일꾼들이 페르시아 만 어귀에서 바닷물과 진창을 헤쳐가며 해안으로 전신 케이블을 끌어오기 위해 애쓰고 있는 모습이다. 이 작업에 참여했던 한 일꾼은, "잠시 쉴라치면 어김없이 전신 케이블이 가라앉았다. 그러나 케이블을 포기하려는 생각을 가진 사람은 아무도 없었다"고 회상했다.

담당하고 있으며, 그러한 삶의 흐름은 세계의 다른 어느 곳에도 존재하지 않는다"라고 썼다. 또한 1853년에는 대반도철도가 인도 최초의 여객 수송 서비스를 개시했다.

세계의 다른 지역들과 마찬가지로, 인도 역시 19세기에 통신 혁명을 경험했다. 인도 내에서 최초의 전보가 타전된 것은 1851년의 일이다. 1855년에는 전신망이 전국적인 새 우편 서비스와 연결되었다. 인도에서 편지 한 통을 부치는 데는 약 1페니 정도 들었으며, 이로써 도시지역뿐만 아니라 조그마한 시골마을에서도 통신이 가능해졌다. 전국에 걸쳐 신속한 통신이 가능해지자 영국인들의 지배권 유지는 더욱 용이해졌다. 1857년에는 바로 이 전신을 통해 항쟁 소식이 타전되었으며, 영국군은 이에 신속하게 대처할 수 있었다. 영국과 인도 간의 전신은 1865년에 개통되었다.

운하와 도로를 건설하고 철도 선로와 전신 케이블을 부설하는 일은 고되고 위험한 작업이어서 많은 인도인들과 영국인들이 목숨을 잃었다. 그러나 이로써 영국은 인도를 지속적으로 지배할 수 있는 기반시설을 마련한 셈이 되었다. 그러나 이와 반대되는 측면도 있었다. 교통과 통신의 발달은 인도인의 민족의식을 한층 고양시키기도 했으며, 그것은 다음 세기의 인도인들에게 무척 소중한 자산이 되었다.

위 그림은 1857년 10월의 〈일러스트레이티드 런던 뉴스〉에 실린 것으로서, 영국병사들이 증기를 동력원으로 하는 '거룻배 포함'에서 인도인 마을에 포를 발사하는 장면이다. 이 그림은 이러한 형태의 배가 어떻게 영국군의 전력에 보탬이 되는지를 보여주고 있다. 거룻배 이용은 1849년에 이미 주장된 바 있으나 채택되지는 않고 있었다.

애거니 포인트(Agony Point)로 알려진 선로구간을 기차가 지나는 그림이다. 기술자들이 산악지대를 관통하는 터널을 뚫지 않고 이 지역을 통과할 수 있도록 철로를 부설했기 때문에 생겨난 만곡부가 인상적이다.

조짐이 보였다"고 해리엇은 기록했다.

상당수의 인도인 병사들에게 그러한 두려움은 오랜 것이었다. 영국은 인도 전역의 여러 전쟁들에 세포이 병사들을 참전시켜오고 있었다. 그런데 힌두 교도 출신의 병사들은 스스로 음식을 만들지 못하도록 되어 있었으므로, 자신보다 낮은 계층의 카스트나 회교도 병사들로부터 먹을 것을 얻어야 했다. 이러한 힌두 교도 출신의 세포이 병사들이 귀향을 하면, 다른 힌두 교도들은 그들을 불결하게 여기고 멀리했다. 또한 영국관리들은 기독교 선교사들의 개종사업을 지원했으며, 장교들이 사병들을 대상으로 설교할 수 있도록 허용했다. 한편, 세포이 병사들은 자신들이 불결한 동물의 기름을 만져 스스로를 더럽히도록 강요당하고 있다고 주장했다. 그들은 영국인들이 강제로 자신들을 기독교도로 개종시키려는 의도가 아니라면 그 모든 일들을 획책할 이유가 없다고 생각했다.

동물의 기름과 관련된 이러한 우려는 영국군이 도입한 신무기인 엔필드 장총과 관련된 것이었다. 신무기는 탄약통이 종이로 되어 있었으며, 탄약통의 한쪽 끝에는 탄약이, 다른 끝에는 탄환이 장전되어 있었다. 병사들은 탄약통의 탄약이 장전된 부분을 이빨이나 손가

인도인 하인을 뒤쪽에 태운 마차 한 대가 이엉지붕의 방갈로와 흰색도료 칠의 조그마한 교회가 보이는 어느 영국인 거주지역을 달리고 있다. 해리엇과 로버트 타이틀러 부부(오른쪽)는 로버트가 델리로 배속되기 전까지는 작은 기지들에서 생활했다.

락으로 찢어 열어 탄약을 총신에 쏟아붓고서는, 탄환을 총신에 장전했다. 그런데 탄환 장전을 신속히 하기 위해 제조 과정 중에 탄약통의 끝에다 기름칠을 해두었다. 군수품 제작을 담당했던 영국관리들은 최상의 윤활제는 동물의 기름이라는 결론을 내렸다. 그러나 죽은 짐승의 부산물에 손을 대는 것은 힌두 교도들에게는 금기였으며, 돼지기름과 같은 것은 이슬람 교도들에게도 금기시되었다.

1857년 1월에 엔필드 총의 탄약통이 처음으로 인도에 도착하자, 동물기름과 관련된 소문이 세포이 병사들 사이에서 급속히 퍼져나갔다. 군 수뇌부에서는 이 문제를 인지하고 즉시 새 탄약통을 회수하라는 명령을 내렸으나, 이미 심각한 일이 발생한 후였다. 한 장교가 병사들이 탄약통 수령을 거부하는 데 격분해, 그들을 "랑군이나 중국으로 보내, 찢어지게 가난하게 살다가 죽게 만들어버리겠다"며 으름장을 놓았다. 하지만 온건한 입장이 우위를 보여, 세포이 병사들에게 기름칠을 하지 않은 탄약통을 지급한 다음 그들로 하여금 직접 밀랍이나 아마인유를 칠하도록 하자는 결정이 내려졌다. 식민당국은 위기를 넘겼다고 생각해 안도의 한숨을 내쉬었다.

그 무렵 델리에 주둔해 있던 일부 병사들이 인근의 암발라로 가서 새 무기 사용법을 익혀오라는 명령을 받았다. 그때 해리엇 타이틀러는 인도인 병사들이 "우리 영국인들은 그들의 카스트를 파괴해 기독교도로 개종시키려는 생각이 전혀 없음을" 깨닫게 되기를 바랐다. 그러나 병사들이 불만을 터뜨리고 있다는 소문은 여전히 들려왔다.

더욱 염려스러웠던 것은 델리에서 북동쪽으로 불과 65km 떨어진 곳의 요새도시 메루트에서 85명의 세포이 병사들이 새 탄약통의 장전을 거부했다는 소식이었다. 그것은 심각한 항명사태였으며, 타이틀러 부부는 영국인 사단장이 강력한 조치를 강구 중이라는 사실을 알고 흡족해했다. 그 세포이 병사들은 로버트 타이틀러의 부대에서 어느 수바다르(인도인 장교)의 주재하에 인도병사들을 위한 군사재판을 받았으며, 재판을 담당한 수바다르는 이를 위해 메루트로 소환되어왔다. 그 수바다르는 로버트에게, "이 병사들이 유죄라는 것이 밝혀지면, 내가 내릴 수 있는 최고형을 언도할 것이오"라고 다짐했다. 그의 약속대로 세포이 병사들은 10년형을 선고받았다. 유죄선고를 받은 세포이 병사들은 메루트 요새 입구에서 군복이 벗겨지고 족쇄가 채워질 예정이었다.

징벌은 5월 10일에 시작되었다. 그날 저녁, 타이틀러 부부는 근처를 지나가는 마차 수레바퀴 소리와 나팔소리를 들었다. 로버트는 하인을 보내어 수바다르가 돌아왔는지 살펴보도록 했다. 하인이 돌아와서 로버트에게 전하길, 메루트의 세포이들이 동료들을 면회하러 온 것일 뿐이라고 했다. "내 남편은 낌새가 이상하다고 여겼으나, 그것을 대수롭게 생각하지는 않았다"라고 해리엇은 기록하고 있다.

다음날 아침, 넷째 아이를 밴 임신 8개월의 해리엇은 평소와 다름없이 일찍 일어나 아이들을 씻기고 아침을 먹었다. 로버트와 해리엇이 막 아침식사를 끝마칠 무렵, 타이틀러 부부의 재단사가 황급히 뛰어 들어오며, "주인님, 주인님, 파우지가 왔어요!"라고 외쳤다. 파우지는 군대를 의미했으며, 그의 흥분된 말투로 보아 통상적인 군대가 왔다는 말은 아니었다. 로버트는 자리를 박차고 일어났다. 놀란 해리엇은 "무슨 일이 벌어진 거죠?"라고 물었다.

"메루트에서 온 자들이 들이닥쳐서 소란을 일으키고 있는 것 같구려." 군화와 모자를 달라고 하며 로버트가 대답했다. "두려워할 것 없소. 우리 병사들이 출동해 그들에게 겁을 주기만 하면 금세 모든 것이 끝날 것이오."

로버트는 곧 돌아와 해리엇에게, 자신이 인도병사들로 구성된 두 부대를 거느리고 야무나 강가의 나룻배 한 척을 보호하라는 명령을 받아 출동하게 되었노라고 말했다. "두려워할 것 없소"라는 말을 남기고 그는 다시 집을 나섰다. 그러나 해리엇은 무엇인가 크게 잘못되어가고 있음을 느꼈다. 황급히 대포를 도심으로 이동시키고 있었으며, 사람들이 분주히 뛰어다녔다. 해리엇은 판사의 부인이 헝클어진 머리를 어깨에 늘어뜨린 채로 양팔로 아이를 안고서, 대포가 설치된 반대편의 거리를 서둘러 걷고 있는 모습을 볼 수 있었다.

해리엇은 주둔군 사령관이 모든 장교부인들은 급히 장교 방갈로로 집합하라는 명령을 내렸다는 말을 전해들었다. 장교가족들은 방갈로에서 델리 시를 내려다볼 수 있는 요새화된 기지인 플래그스태프 타워(Flagstaff Tower)로 곧장 이동했다. 그들은 그 탑에서 차분히 충돌사태의 진상을 되짚어보며, 길고도 무더웠던 하루를 보냈다. 메루트의 세포이 병사들은 전날 저녁에 반란을 일으켜 유럽 인들을 살해하기 시작했다. 그리고 폭도들은 델리로 발길을 돌려, 그곳 붉은 요새로 몰려 들어가서 80대의 무굴 황제가 자신들을 이끌어줄 것을 요구했다. 늙은 무굴 황제는 그들의 요구를 받아들이면서도 희망보다는 두려움을 느꼈다. 그 지역 세포이들을 비롯한 델리 시의 다른 사람들도 폭도들의 명분에 호응해 항쟁에 가담했으며, 유럽 인들과 기독교도에 대한 살육이 뒤따랐다.

해리엇은 뜻밖에도 오후 늦게 남편의 부대가 플래그스태프 타워에 도착하자, 애타게 남편 로버트의 소식을 수소문했다. 남편의 부대원들 중에서 폭동에 가담하지 않은 병사는 30명에서 40명 정도에 불과했으며, 나머지는 "프리티비라지 키 자이(황제 폐하께 승리를)!"라고 외치며 델리 시를 향해 돌진했다. 로버트는 탑에 머물고 있던 여성과 아이들이 우선은 안전했지만 식량과 식수를 구할 수 없음을 깨닫고는, 항쟁에 가담하지 않은 자신의 부하들이 철수를 엄호해줄 것이라며 주둔군 사령관을 간신히 설득해 철수를 명령하도록 했다. 그리하여 대탈출이 시작되었다. 살아남은 영국군 장교들과 그 가족들은 이용가능한 모든 탈것들에 빽빽이 올라타고서는, 약 200km 떨어진 암발라나 델리에서 가장 가까운 영국부대들로 피난을 가기 위해 시 외곽지역으로 빠져나오기 시작했다.

남아 있던 로버트 부대의 세포이 병사들은 영국인들과 함께 그곳에 머물다가, 젊은 영국인 중위가 무기고를 폭파시켜버리는 바람에 그곳을 지키는 임무를 부여받은 세포이 병사 두 명이 부상당했다는 사실을 알았다. 세포이 병사들은 배신당했다고 생각해 탈영했으나, 영국군 장교들과 그 가족들을 해치지는 않았다. 델리 탈출이 줄을 잇는 가운데 해리엇 타이틀러는 도망치다가 문득 뒤를 돌아보았다. 그때 그녀의 눈에는 짙은 어둠 속에서 혓바닥을 날

오른쪽 그림은 끔찍한 칸푸르 대학살을 묘사한 것으로, 부녀자, 어린아이들 및 부상병들이 학살당하고 있는 장면이다. 이 그림에 묘사된 일들이 동시에 발생한 것은 아니었다. 즉, 병사들이 먼저 살해당했고, 부녀자들과 아이들은 그로부터 2주 후에 살해당했다.

름거리는 성난 불길이 보였으며, 그 불길은 그녀의 집과 가재도구를 집어삼
키며 병영 전체로 번져가고 있었다. 대대적인 반란이라는 끔찍한 일이 마침
내 벌어진 것이었다. 타이틀러 가족은 북쪽으로 피신해 다음날 암발라에 도
착했으며, 그곳의 친구들이 임시거처를 마련해주었다.

델리에서 반란이 일어났다는 소문은 인도 전역으로 퍼졌다. 오우드에서는
영국의 통치로 피해를 입었던 인도인들이 러크나우에서 합세했다. 그들 중에
는 법원의 관리들, 갈 곳을 잃은 타루크다르(지주)들 및 세포이 병사들의 친
척 등이 있었다. 그곳의 영국인들에게 불행 중 다행이었던 것은, 새로 부임
한 치안 책임자가 선견지명이 있어서 총독대리 공관을 요새화시키고 식량도
비축해두었다는 것이었다. 영국인 군인들과 민간인들, 그리고 그들에게 충성
스런 인도인들은 그곳으로 피신했다. 하지만 러크나우에서 서남쪽으로 약
80km 떨어진 곳인 칸푸르에 갇힌 영국인들은 그들보다 훨씬 불운했다. 그곳
의 인도인 부대 네 곳에서 반란이 일어났다. 평소 영국인들에게 불만을 품고
있던 그 지역의 귀족 나나 사히브(그는 양자 출신으로서 실권 원칙의 피해자였다)의
지휘하에, 인도병사들은 영국인들을 방어시설이나 식량이 준비되지 않은 요
새에 몰아넣고 포위해버렸다. 그 이외의 지역에서는, 갠지스 강의 중심지와
펀자브 및 데칸 고원의 일부지역에서 산발적인 항쟁이 있었다.

암발라에서는 로버트 타이틀러가 지원군이 델리 탈환을 위해 파병되고 있
음을 알고, 지원군의 경리관으로 고용되었다. "그것은 영국에 있는 세 아이
들과 더불어 하나님께서 내리신 완벽한 선물이었다. 우리가 가졌던 모든 것
은 델리에서 **빼앗겼으며** 심지어 마지막 달의 급료도 받지 못했던 것이다"라
고 해리엇은 적었다. 다른 대안이 없었으므로, 로버트 타이틀러 대위는 델리
가 곧 탈환될 것이라 생각하고 아내 해리엇과 아이들에게 자기와 함께 가자
고 제안했다.

3,400명의 영국군 병사들로 구성된 전투부대가 델리가 내려다보이는 산등

성이를 차지하고 주둔했다. 하지만 5월 이후로 델리로 모여들기 시작한 반군의 수가 워낙 많았으므로, 영국군 전투부대가 그들을 물리치기에는 수적 열세가 너무 심했다. 그렇다고 해서 산등성이에 주둔한 그들이 반군에 의해 격퇴될 정도는 아니었다. 그러기에는 영국군 전투부대가 강력했던 것이다.

일종의 교착상태라고 할 대치상태가 한동안 계속되었다. 영국군 병사들은 뜨거운 한여름의 태양 아래에서, 바위투성이의 고지에 진을 치고 있었다. 또한 그곳에서는 해리엇이 그녀가 이동할 때에 이용했던 마차에서 아이들과 함께 생활하며 출산을 기다리고 있었다. "수레가 우리 집이었다. 우리는 밤낮할 것 없이 마차에서 지냈으며, 우리의 무릎을 식탁으로 사용했다." 그들은 저녁에만 위험을 무릅쓰고 밖으로 나가서 몇 분 동안 신선한 공기를 마셨다.

델리 함락 이후에 숨어 지내던 부녀자들과 어린아이들이 차츰 영국군 진영으로 스며들어오기 시작했다. 당국에서는 해리엇 타이틀러를 비롯한 그들 모두를 안전한 장소로 피신시킬 준비를 했으나, 로버트는 사령관을 설득해 아내가 그곳에 계속 머물 수 있도록 했다. 그로부터 이틀 후, 해리엇은 사내아이를 낳았다. 그것은 해리엇도 잘 알고 있었던 것과 같이, 세상과의 첫 대면 중에서 가장 희한한 것이었다. "아이는 마차의 창 근처에 뉘어져 있었는데, 플란넬 천 조각이 아이의 몸 위에 던져진 듯 놓여 있었고, 기울어가는 달이 아이를 훤히 비춰주고 있었다. 아이가 자장가로 삼을 소리라고는 경보 소리와 포탄 소리밖에 없었다"고 그녀는 훗날 기록했다.

영국군이 산등성이를 차지하려는 인도병사들의 잇따른 공격을 물리치는 와중에, 칸푸르에서의 비극적인 사건에 관한 소식이 마침내 그들의 귀에 들어왔다. 나나 사히브는 영국군에게 투항하면 내보내주겠다고 제안했으나, 투항해서 그곳을 빠져나가려는 영국군을 향해 세포이 병사들이 발포하는 바람에 참혹한 살육전이 벌어졌다고 했다. 뒤를 이어 포로로 붙잡혔던 부녀자와 아이들도 살해당했다는 것이다. "그것은 매우 충격적이었다. 나는 남편에게 아편 팅크 한 병을 가져다달라고 부탁했다"고 해리엇 타이틀러는 썼다. 그녀는 만일 인도인 반군들이 영국군 진지를 점령이라도 하는 날에는, 아이들을 죽이고 스스로 목숨을 끊으려 생각하고 있었다. 한편, 영국군 병사들은 가장 쉽사리 마주칠 수 있는 인도인들, 즉 영국군 진영의 비전투 종군자들, 하인들 및 마을사람들을 공격하고 죽임으로써 인도인들의 항쟁에 대한 화풀이를 하고 있었다.

석 달을 기다린 끝에 영국군 지원군이 델리에 도착했고, 9월 14일에는 델리 시가지를 공격한다는 결정이 내려졌다. 인도 반군들은 격렬하게 저항하며 델리 시 사수에 나섰으며, 영국군은 다섯 명 중에 한 명 꼴로 전사

1857년 5월, 인도인들이 항쟁을 일으켰다는 소식을 들은 영국군이, 그들이 정기적으로 무더운 여름을 보내는 히말라야 산기슭의 구릉지대로부터 서둘러 돌아오고 있다. 이들은 말, 소달구지, 코끼리 혹은 도보 등 가능한 모든 수단을 동원해 남쪽으로 향했다(아래). 델리를 빼앗긴 지 넉 달 후, 영국병사들과 그들에 충성하는 인도 병사들이 한 차례 델리를 포위하여 압박한 후, 반군이 장악한 델리의 거리로 진격해들어갔다. 반군들은 돌덩이, 총탄 및 대포 세례를 퍼부으며 저항했다(오른쪽).

했다. 그러나 날이 바뀌어가면서 영국군은 차츰 델리 시 성벽 안으로 진입하고 있었다. 다시 찾은 델리는 해리엇 타이틀러의 표현을 빌리면, "죽은 자들의 도시였다." 시신들이 곳곳에 널려 있었으며, 집들은 텅 비어 있었다.

반군들은 여전히 인도 중북부의 주요기지들을 장악하고 있었으나, 델리 탈환으로 전세는 역전되었다. 반군 잔당들이 완전히 투항한 것은 1858년의 일이다. 영국군은 그 나름의 끔찍한 폭력으로 반군들의 학살에 보복했다. 그들은 재판 없이 인도인들을 교수형이나 총살형에 처했으며, 폭동에 가담한 사실이 밝혀진 자들을 포구에 묶어놓은 채로 대포를 발사해 그 몸을 산산조각냈다. 또한 칸푸르 인근의 마을들을 초토화시켰다.

델리 탈환으로 해리엇은 잠시나마 화제의 인물이 되었다. 그녀는 아들의 이름을 스탠리 델리포스로 지었으며, 그녀의 특이한 출산 소식은 곧 영국령 인도 전역에 퍼졌다. 타이틀러 부부는 영국을 다녀온 후에, 인도로 되돌아와서 익숙한 군생활의 일상으로 복귀했다. 해리엇은 20세기까지 생존해 1907년, 79세를 일기로 사망했다.

항쟁의 여파로 인도에서는 많은 것들이 변했다. 무굴 제국 황제는 버마로 쫓겨났다. 동인도회사는 항쟁을 예견하지 못했다는 비난을 고스란히 뒤집어쓰고 해체되었으며, 인도는 영국 국왕이 직접 통치하게 되었다. 이제 인도 주재 영국총독은 바이스로이(viceroy)로 불렸으며, 1877년에는 빅토리아 여왕이 인도의 여제(女帝)로 선포되었다. 해리엇 타이틀러는 그 선포를 기념하기 위해 개최된 두르바르에 참석했다. "인도 전역의 주요 군주들이 명령을 받고 빠짐없이 그곳에 참석했다"라고 그녀는 기록했다.

1905년은 영국과 인도의 관계에서 하나의 전환점이 된 해였다. 열성적인 제국주의자였던 조지 커즌 총독은 벵골 지역을 둘로 분할해 통치를 더욱 용이하게 하려고 했다. 하지만 인도인들의 지위향상을 위해 1885년에 창립된 인도국민회의 의장 고팔 크리슈나 고칼레는 커즌 총독에 반대하는 목소리를 높였다. 고칼레는, 벵골 분할계획을 보면 영국정부는 "여론을 철저히 무시하고, 자기들만이 월등하게 현명한 것으로 착각하고 있으며, 무엇보다 인도국민들의 가장 소중한 감정을 대수롭지 않게 여기고 있음을" 알 수 있다고 말했다. 벵골 지역의 주민들은 대규모 시위와 영국상품에 대한 불매운동으로 대항했다. 그럼에도 불구하고 영국은 계속 분할계획을 추진했으며, 벵골 인들의 시위는 앞으로 있을 변화의 전조가 되었다. 그러한 변화가 결실을 맺기까지에는 그로부터 42년의 세월이 더 소요되었으나, 인도인들은 그 세월을 견뎌내며 마침내 영국의 지배를 종식시켰다.

1877년 1월 1일, 인도 여제로 선포된 빅토리아 여왕이 인도식 상아 왕좌에 앉아 있다. 황제 선포식은 무굴의 마지막 황제가 인도인들의 항쟁에 구심점 역할을 했다는 이유로 쫓겨난 지 거의 20년 만에 거행되었다. 인도 여제라는 칭호는 영국인들이 인도에 계속 머물게 될 것이라는 점을 알리려는 의도로 사용되었다.

조랑말을 탄 사내아이와 여자아이가 사이스(마부)의 보살핌을 받으며 저택 앞에서 포즈를 취하고 있다. 이 사진은 인도에 살았던 상류층 영국인들의 전형적인 삶을 보여주고 있다. 부유한 영국인 가정의 아이들은 대략 7세가 되면 배를 타고 영국으로 건너가서 학교를 다녔으므로, 적어도 몇 년 동안은 부모와 떨어져 생활해야 했다.

ESSAY _ 4 | 영국을 인도에 옮겨놓다

일부 영국인들은 인도의 신비와 장려함에 매료되었으나, 1857년의 항쟁(영국인들은 이를 폭동이라 했다)은 식민지 인도에 공포의 요소를 불어넣었다. 그것은 인도 거주 영국인들로 하여금 일종의 문화적 갑옷을 입는 것과도 같이, 그 어느 때보다도 영국적인 색채를 띠도록 만들었다. 그들은 머나먼 나라에서 낯선 관습, 언어 및 사람들에 둘러싸인 채로, 조국의 문화를 낯선 이국땅 인도에 이식해 토착화시키려 노력했다.

영국인들은 크리켓, 테니스, 골프 및 폴로(이 스포츠는 아시아에서 유래한 것이다)를 즐기기 위해 사설 클럽을 만들었으며, 인도인들의 가입은 금지시켰다. 그들은 영국의 전통적인 사냥에 열중하는 한편, 여우 대신에 아시아의 사냥감, 즉 호랑이, 곰, 멧돼지 따위를 사냥했다. 또한 인도의 영국인들은 자극적인 인도요리에서 벗어나, 고국에서 보내온 통조림을 무척이나 즐겼다. 영국인들 중에는 인도인들과 조화로운 관계를 설정해보려고 노력한 사람도 없지 않았으나, 대부분의 영국인들은 '원주민들'을 하인으로만 생각하고 그들을 이용해 영국에서라면 누리지 못했을 안락하고 호사스러운 생활양식을 만들어나갔다.

웅장한 인도식 저택의 내부가 아름다운 아라베스크 아치로 장식되어 있으나,
가구들은 영국식 응접실의 분위기를 연출하고 있다. 인도 남부지방의 이 저택은 어느 영국인 부부의 소유였으며,
이 사진은 1860년대 중반의 것이다. 로코코 양식의 가구들이 당시 영국에서의 유행의 극치를 보여주고 있다.

인도 남부의 어느 스포츠 클럽에서
한 여성이 양산을 받쳐든 채로 말을
타고 장애물을 뛰어넘고 있다.
이 사진은 19세기 말의 것이다.
많은 영국 여성들이 승마를 즐겼으며,
대개는 하루 중 기온이 높아지기
전에 말을 탔으나, 간혹 새벽 4시에
말을 타는 경우도 있었다.

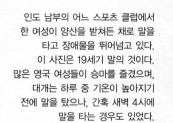

요란한 의상을 차려입은 15명의 영국인들이
1883년에 "충동의 동물들,
구름나라의 잔디 코트 테니스"라는
시대극 공연 후에 배역 사진을 찍기 위해
자세를 취하고 있다. 아마추어 연극공연은
식민지 생활의 활력소였으며,
규모가 큰 영국인 마을은
자체적으로 극장을 갖추고 있었다.

세 명의 농장주들이 술을 마시며
시큰둥한 표정으로 앉아 있다.
19세기에 인도로 왔던 관리들은 점차로
절제하는 생활에 길들여졌으나,
이 사진에 등장하는 1870년대의
농장주들은 이보다 앞선 시대의
술고래 영국인들과 흡사한 모습이다.

간밤에 과음을 한 영국군 장교가 침대에 누운 채로 인도인 하인의 커피 시중을 받고 있다. 옷은 대충 벗어놓았으며, 다 마시지 않은 위스키 병도 보인다. 이 사진은 아마추어 사진가 윌로비 월리스 후퍼의 작품으로서, 1870년대 영국군 병영생활의 단면을 보여주고 있다.

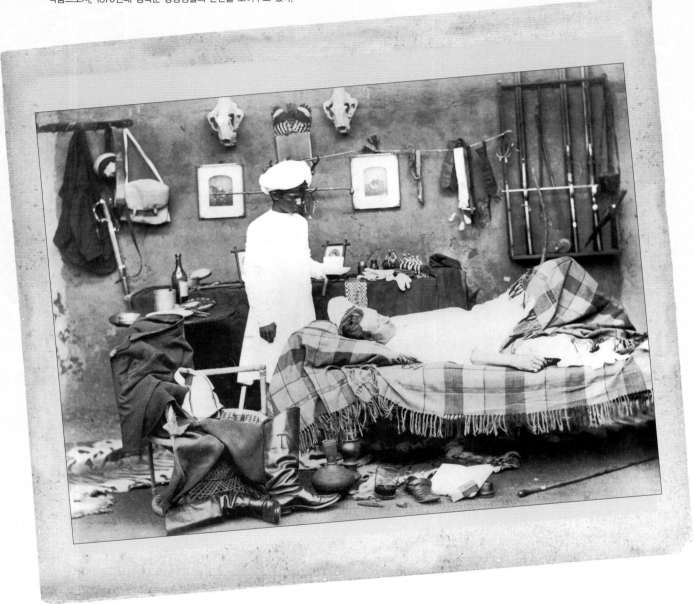

영국인들이 창으로 사냥해 잡은 곰 주위에 모여 있다. 영국인들은 멧돼지 사냥도 즐겼다.
사냥꾼들은 멧돼지 사냥기술을 뽐내기도 했는데, 멧돼지 사냥은 말을 타고 하는 것으로서, 그것은
인도에서 이루어진 모든 스포츠들 중에서 가장 위험한 것임과 동시에 가장 훌륭한 것으로 간주되었다.

어느 영국인 여행자가 실론 섬에 있는 사원의 조각상 앞에서 자세를 취하고 있다. 인도의 사원들은 영국인 관광객들에게 인기가 있었으나, 여성과 동행한 남성은 성적인 표현을 한 미술품이 사원의 전면에 있을 경우 여성이 그곳을 비켜가도록 안내했다. 19세기의 한 여행 안내서는, 여성들이 여행을 할 때에는 안내자에게 팁을 주어 외설스러운 조각들은 피해가도록 조언했다.

사진의 영국인들이 인도의 시골지역을 여행하는 데에는 20명 이상의 하인과 많은
코끼리들이 필요했다. 양탄자를 깔았으며, 편의를 위해 테이블과 의자도 놓아둔 모습이다.
한 여행작가는 야영천막에서 원시적인 생활을 하는 동안, "대나무와 히말라야
삼나무로 만든, 멋진 접는 테이블"을 이용해보라고 권하기도 했다.

가디(Gaddi) 왕이 앉는 낮은 대나 왕좌에 깔아놓은 화려한 장식의 방석.

가트(Ghat) 강가에 연결된 넓은 계단이나 경사로. 이를 이용해 강가에 쉽게 접근하여 목욕을 할 수 있었다.

갈레온(Galleon) 15~16세기 전쟁에 주로 쓰인 대형범선. 갈레온이라는 이름은 '전함'이라는 뜻으로 쓰이던 '갤리'에서 따왔으며, 선수가 새의 부리처럼 툭 튀어나와 있었다. 선수 뒤에 정사각형의 높은 선수루(船首樓)가 우뚝 솟아 있으며, 3~4개의 돛대에 가로돛과 세로돛이 달려 있고, 1~2줄의 대포들이 뱃전에 장착되었다.

구르카 족(Gurkhas) 네팔의 한 부족 이름. 혹은 17세기 네팔의 왕가가 창설한 부대로, 그 용맹성, 충성심 및 험한 지형에서의 전투능력으로 유명하였음. 영국이 세포이 병사들로 이들을 모집했다.

구장 잎으로 싼 씹을 거리(Pan) 빈랑 열매, 라임 열매 및 향신료를 섞어 구장(蒟醬) 잎으로 싼 것으로서 다소 중독성이 있으며, 소화를 촉진시키기 위해 씹었다.

그리핀(Griffin) 인도에 갓 온 사람들을 일컫는 속어.

나바브(Nabobs) 인도에서 돈을 벌어 영국으로 되돌아가 부를 과시한 동인도회사 직원들에게 붙여진 별칭.

나와브(Nawab) 무굴 제국의 이슬람 통치자로서, 대개 지역을 다스리는 태수나 토후를 뜻함.

니잠(Nizam) 하이데라바드 통치자의 칭호.

다스탁(Dastak) 군주가 수여하는 교역 허가서로서, 관세를 지불하지 않고 교역할 수 있는 권리를 부여받게 됨.

다스투르(Dastur) 고상하게 말해 구전(口錢)이라고 간주되는 금품 일체를 뜻하는 것이나, 실제로는 거래나 청탁을 위한 일종의 뇌물을 말함.

대리상(Factor) 동인도회사의 중개상으로서, 영국이나 기타의 지역들에 선적할 물품들을 사들였다.

댄디(Dandy) 뱃사공.

도비(Dhobi) 세탁을 생업으로 하는 사람.

도티(Dhoti) 엉덩이 주위를 감싸는 면으로 만든 긴 옷으로서, 양다리 사이로 한쪽 끝을 넣어 허리에 고정시켰는데 힌두 교도 남성들이 입었다.

동인도회사(East India Company) 영국의 무역회사로서, 1600년에 영국 국왕으로부터 인도무역에 대한 특허장을 교부받았다. 그후 인도의 정치문제에 깊숙이 관여하기 시작해 나중에는 권력기관으로까지 부상했다. 18세기 초부터 1857년 인도인들의 항쟁으로 영국정부가 인도를 직접 지배하게 되어 해산될 때까지 인도에서 영국 제국주의의 첨병 역할을 했다.

두르바르(Durbar) 황제 알현식이나 황제가 주최하는 연회 혹은 의식을 가리키는 말로서, 거래를 성사시키고, 종교제전을 거행하거나 중요한 행사를 기념할 목적으로 개최되었다. 넓고 화려한 홀에서 공개적으로 개최되거나, 왕족, 국가원로 및 대신들을 위해서 좁은 알현실에서 비공개로 열리기도 했다.

디와니(Diwani) 무굴 제국 재정담당 관리의 우두머리. 혹은 무굴 황제가 알라하바드 조약에 따라 동인도회사에 부여한 특정지역의 징세권을 의미하기도 하고, 징세관이나 그 보조를 뜻하기도 함.

디완(Diwan) 무굴 제국 황제의 재원을 관리하고, 세금을 징수하며, 황제의 몫을 송달하는 임무를 맡았던 지방의 재정담당 관리.

라마야나(Ramayana) 인도의 2대 종교 서사시 중 하나.

라자(Raja) 힌두 군주.

라지푸트(Rajput) 인도 중부와 북부의 땅을 차지했던 강력한 힌두 전사부족으로서, 왕족이라고 전해지기도 하며 전사 지배계급의 후

손들로도 알려짐.

렙차 족(Lepchas) 시킴 지역의 산악부족.

루피(Rupee) 16세기 후반에 생겨난 인도의 기본 통화단위로서, 그 가치는 지역별로 차이가 있었으나 1835년에 통일됨.

마라타 족(Marathas) 인도 중서부의 부족. 마라타 어를 사용하는 사람들을 가리키기도 함. 혹은, 인도 중서부 힌두 군주들의 느슨한 연합체를 가리키는 말로서, 그 병사들의 훈련 및 병기가 우수했음.

막사의 쥐들(Barracks rats) 영국군 막사의 칸막이를 친 베란다에서 부모와 함께 생활했던 병사의 자녀들을 말함.

말리(Mali) 정원사.

멤사히브(Memsahib) 집안의 안주인을 높여 부르는 말로서, 그 남편은 '사히브' 라고 했다.

모스크(Mosque) 이슬람 교 사원.

무굴(Moghul) 몽골. 중앙 아시아 대초원 지대의 유목 및 수렵부족들을 통틀어 일컫는 말로서, 14세기에 칭기즈 칸이 이 부족들을 통일했다. 혹은 1526년에 인도를 정복했던 몽골 인들을 가리키기도 함.

무굴 제국(Moghul empire) 1526년에 카불의 왕 바부르가 아그라를 도읍으로 정하여 세운 왕조. 무굴 제국은 18세기까지 인도를 지배하였으며, 영국은 18세기까지 무굴 제국의 세력을 잠식하였으나 제국으로서의 상징적 지위는 유지시켜주다가, 1857년에 이르러 무굴 제국의 마지막 황제를 폐위시켰음.

무소크(Mussock) 양가죽에 공기를 넣어 만든 부낭으로서, 공중목욕탕에서 남성들이 이것을 타고 놀았음.

무술라 배(Mussoola boats) 밑바닥이 평평한 배의 일종.

문시(Munshi) 언어를 가르쳤던 사람.

미나레트(Minaret) 이슬람 사원의 탑. 이곳에서 신도들에게 예배

시간을 알렸다.

민바르(Minbar) 이슬람 건축에서 사원의 설교단을 말함.

바니안(Banian) 인도에 거주하는 영국인들을 위해 사업, 집안 및 개인적인 일들을 처리해주었던 인도인 심부름꾼.

바르나(Varna) 힌두교의 카스트 제도 아래에서 나뉘어졌던 4계급, 즉 브라만 · 크샤트리아 · 바이샤 · 수드라를 말함. 제5의 집단인 불가촉천민들은 사회적 지위가 매우 낮아서 카스트에 속하지 못했음.

바이샤(Vaishya) 힌두교 카스트 제도의 4계급 중에서 3번째 계급으로서, 평민들로 간주되었으며 농민 · 상인 · 일부 장인들로 구성되었음.

바이스로이(Viceroy) 영국 직할 식민지의 총독이나 통치자, 혹은 그 통치자의 대리인을 말함.

방갈로(Bungalow) 베란다를 갖춘 단층짜리 집.

버저로(Budgerow) '피니스(Pinnace)' 의 별칭.

뱅(Bengh) 대마에서 추출한 흥분제.

병영(Cantonment) 인도에 설치한 영국 군사 시설.

부라 카나(Burra khana) 문자 그대로 대만찬이나 대연회를 말함.

불가촉천민(Untouchables) 힌두 교의 카스트에 속하지 않았던 자들로서, 다른 사람들이 불결한 것으로 여기던 일들을 생업으로 삼았으며, 이들이 카스트에 속한 자들을 더럽히지 못하도록 수많은 제약에 묶여 생활했다.

브라만(Brahman) 힌두 교 카스트 제도 아래의 네 바르나들 중에서 최고의 계급으로, 사제의 역할과 베다를 연구하고 가르치는 일을 담당하였으며, 통치자에게 조언하는 역할도 했다.

블랙 타운(Black Town) 인도인들과 일부 비 유럽 인들이 생활하고 장사를 했던 격리구역.

블랙홀(Black Hole of Calcutta) 캘커타의 병영에 있던 감옥으로서, 이곳에서 많은 동인도회사 직원들이 벵골 나와브에 의해 감금되었다가 하룻밤 사이에 죽어나갔음.

사략선(Privateer) 전시에 적의 군함이나 상선을 약탈, 나포 및 격침시킬 수 있는 권한을 정부로부터 위임받은 민간 소유의 무장선. 평화시에는 해적선을 가리키는 말로도 쓰였다.

사리(Sari) 4.5~6.5m 길이의 면이나 비단으로 만든 여성용 겉옷으로서, 대개는 한쪽 끝을 허리에 감싸서 치마 형태를 만들고 다른쪽 끝은 어깨와 머리에 걸쳤다.

사이스(Syce) 말을 돌보는 마부.

사히브(Sahib) 영어의 '님(sir)'이나 '주인님(master)'에 해당하는 존칭. 식민지 인도에서 지체 높은 유럽 인이나 인도인에 대한 경칭으로 사용됨.

산스크리트 어(Sanskrit) 고대인도 언어로서, 대부분의 힌두 교 경전이 이 언어로 되었으며, 인도 북부지역에서 사용되는 대부분의 언어가 산스크리트 어에서 파생됨.

상관(Factories) 인도에 있던 동인도회사 교역소를 가리키는 말로서, 상관은 기본적으로 마을에 둘러싸인 요새화된 창고였다.

샤(Shah) 무굴 제국 황제에게 붙여진 칭호들 중 하나.

샤스트라(Shastras) 종교 및 사회활동과 직업을 규제하는 힌두 교 성전(聖典).

서기(Thuggee) 노상강도와 목을 졸라 살해하는 행위를 일컫는 말로서, 칼리 여신을 기리는 어느 종파에서 행했던 것으로 알려짐.

세포이(Sepoy) 영국군 장교로부터 유럽 식 훈련을 받고 유럽 식으로 무장했던 힌두 교도나 이슬람 교도 병사들. 이들은 영국군의 명령을 받으며 동인도회사 군대의 원주민 부대에서 복무했다.

수드라(Shudra) 힌두교 카스트 제도 아래에서 최하층계급으로서, 나머지 세 계급들을 위해 노동을 하거나 하인으로 일했음.

수바다르(Subahdar major) 영국군에 소속된 원주민 보병부대의 인도인 장교.

수티(Suttee) 남편의 장례식에서 미망인을 산 채로 불태우는 힌두교 의식.

스투파(Stupa) 원래는 돔 형태의 간단한 불교식 고분으로서, 석가모니와 제자들의 유물을 보관했으나, 나중에는 더욱 정교한 형태로 발전함.

시파히(Sipahi) 페르시아 어로서 병사나 기수를 뜻함. 이 말에서 세포이(sepoy)라는 단어가 유래됨.

실내냉각기(Thermantidote) 원통으로 이루어진 냉각장치로서, 원통에는 적신 태티를 끼워 넣고 커다란 회전부채를 달았음. 커다란 깔때기 모양의 통풍통이 방으로 돌출된 채로 집의 외벽을 마주보고서 있었음. 하인들이 냉각기의 태티를 적셨으며, 부채를 움직이는 손잡이를 돌려 냉각된 공기가 집안으로 들어가게 하였음.

아야(Ayah) 인도인 보모.

아편 팅크(Laudanum) 아편으로 만든 팅크로서, 의료용으로 사용했음.

앵글로-인디언(Anglo-Indian) 인도에 거주하는 영국 태생 혹은 영국계 주민.

엔필드 장총(Enfield rifle) 이전의 총들보다 장전하기가 간편했던 총으로, 기름칠이 된 종이 탄약통에 탄약과 탄환이 같이 들어 있었으며, 탄약통 끝을 이빨로 뜯어 점화원에 탄약을 노출시키는 방식으로 장전했음.

영국령 라지(British Raj) 영국 통치하의 인도를 말함.

우파니샤드(Upanishads) 힌두 경전과 힌두 철학서.

인도무역선(Indiaman) 동인도회사 소속의 크고 튼튼한 무역선으

로서, 돛대는 3개를 갖추고 있었으며, 그 크기는 400t에서 1,500t에 이르기까지 다양했음. 화물과 승무원 보호를 위해 대개는 중무장하였음.

자기르(Jagir) 세금을 내지 않아도 되는 하사받은 토지. 대개는 고위관리, 브라만 및 장군들에게만 주어졌으나, 동인도회사에도 하사되었음.

잠펀(Jampan) 8명이 짊어지고 옮기는 덮개가 있는 안락의자.

제나나(Zenana) 힌두나 이슬람 궁전에서 여성들이 기거했던 숙소로서, 부인, 후궁 및 어린 자녀들뿐만 아니라, 그 집안의 모든 여성들이 기거했음. '하렘(harem)' 이라고도 불림.

차부타라(Chabutara) 테라스를 뜻함.

총독(Governor general) 1773년의 인도통치규제법에 따른 영국령 인도의 통치권력.

총독대리 공관(Residency) 인도에서 총독대리와 그 부하들이 거주하고 일했던 건물.

카리(Kari) '양념' 에 해당하는 인도 남부지방의 말.

카스트 제도(Caste system) 힌두 사회를 네 집단, 즉 브라만·크샤트리아·바이샤·수드라로 나누었던 제도. 카스트 제도에 속하지 않았던 자들은 불가촉천민이라 하였음.

칸사마(Kansamah) 앵글로-인디언 가정의 집사.

케저리(Kedgeree) 얇게 썬 훈제 생선, 밥 및 삶은 계란에다 카레를 얹은 캐서롤 요리. 전통적인 영국귀족의 아침식사.

코란(Koran) 이슬람의 성서로서, 선지자 마호메트에 계시된 알라의 절대적 말씀. 이슬람 율법의 출처.

쿠크리(Kookree) 구르카 족이 지니고 다녔던 곡선 형태의 칼.

크샤트리아(Kshatriya) 힌두 교의 카스트 제도 아래에서 네 바르나 중 두 번째로서, 전사가 이에 속함.

키치리(Khichri) 쌀, 렌즈콩 및 버터로 만든 서민적인 카레 요리로서, 케저리가 이것에서 발전했다.

키트무트가르(Kitmutgar) 인도의 영국인 가정에서 주로 식사 시중을 들던 사람.

킴크왑(Kimkhwab) 금실과 은실로만 짠 인도산 능라, 혹은 금과 은으로 엮은 실크로 짜여진 능라.

태티(Tatties) 적셔서 문이나 창문에 쳐두는 막으로서, 천이나 베티베리아 향초를 엮어 만들었으며, 바람이 불어오는 쪽에 놓아두어 공기가 태티를 통과하면 실내가 시원해졌음.

태피터(Taffeta) 결이 고운 얇은 평직물. 야회복이나 시폰·조젯으로 만든 양재 드레스의 속치마로 사용되며, 대학 예식복 두건의 안감으로도 쓰임.

텔루구 어(Telugu) 인도 동남부와 중부지방에서 사용되는 드라비다 어족에 속하는 언어들 중 하나.

파우지(Fauj) 군대.

파이자마(Paijama) 인도남성과 여성들이 즐겨 입었던 옷으로, 졸라매는 허리끈이 달린 실크나 면으로 만든 헐거운 바지. 영국인들이 이를 받아들여 오늘날 거실용 파자마와 잠옷이 되었다.

팬치웨이(Panchway) 인도의 얕은 수로를 항해하기에 적합한 배로서, 햇볕과 비를 막아주는 낮은 지붕은 있으나 좌석은 갖추어져 있지 않음.

팰런킨(Palanquin) 보통 1인용의 덮개를 한 가마로서, 네 명에서 여섯 명의 가마꾼들이 굽은 대나무 장대를 어깨에 걸어 운반했음.

퍼그리(Puggree) 머리 주위를 감싸는 터번 구실을 하는 스카프

나 천.

퍼다(Purdah)　이슬람 상류사회에서, 다른 사람들이 여성을 보지 못하도록 커튼이나 장막을 이용해 격리시키는 것.

퍼만(Firman)　칙령 혹은 포고. 예컨대 동인도회사의 경우, 인도에서 교역을 하고 상관을 개설할 수 있는 특혜를 받는 것.

펀디트(Pandit)　브라만 출신의 학자나 종교적 스승.

펀카(Punkah)　천장에 매다는 선풍기로서, 커다란 야자나무 잎이나 직사각형의 커다란 틀에 천을 끼워 넣어 만들었으며, 가는 밧줄과 도르래를 이용하고 하인이 동력원이 되었음.

페더먼트(Pediment)　박공벽. 건물의 측면에 추녀가 없이 용마루까지 삼각형으로 된 벽을 말함.

피니스(Pinnace)　돛이나 노를 이용한 집배로서, '버저로(budgerow)' 라고도 함.

하렘(Harem)　궁전에서 여성들이 기거하던 구역으로서, 부인, 후궁 및 어린 자녀들뿐만 아니라 집안의 모든 여성들이 기거하였음. '제나나(zenana)' 라고도 하며, 제나나에 사는 한 남성의 부인, 첩 및 여자하인들을 통틀어 하렘이라고도 함.

하우다(Howdah)　직사각형 상자 모양의 코끼리 안장으로서, 측면과 난간은 낮으며, 대개는 장식을 한 지붕이 있어서 비와 햇볕을 막아줌.

하프 카스트(Half-caste)　인도인과 유럽 인의 혼혈.

화이트타운(White Town)　도시의 격리지역으로서, 영국인들과 유럽 인들이 거주했음.

환관(Eunuch)　거세된 남성. 인도에서는 제나나를 호위하였음.

후카(Hookah)　흡연에 이용된 물 파이프. 입에 대는 부분이 있고, 긴 관이 물이 가득 찬 항아리를 통과해, 부착되어 있는 그릇에서 타 들어가는 담배연기를 식혀주었다.

후카 부르다(Hookah burdar)　후카 시중을 드는 하인.

힌두스탄 어(Hindustani)　인도 북부 지방의 언어들 중 하나.

찾아보기

옮긴이 _ 전일휘 동아대학교 신문방송학과를 졸업하고, 현재 전문 번역가로 활동하고 있다. 옮긴 책으로는 《주머니 속의 유럽사》《유럽의 정복자 켈트 족》 등이 있다.

What Life Was Like 왕관 속의 보석

초판 1쇄 펴낸 날 _ 2005. 4. 20

지은이 _ 타임라이프 북스
옮긴이 _ 전일휘
펴낸이 _ 이광식
편 집 _ 곽종구 · 오경화 · 김지연   영 업 _ 박원용 · 조경자
펴낸곳 _ 도서출판 가람기획   등 록 _ 제13-241(1990. 3. 24)
주 소 _ (121-130)서울시 마포구 구수동 68-8 진영빌딩 4층
전 화 _ (02)3275-2915~7   팩 스 _ (02)3275-2918
전자우편 _ garam815@chollian.net   홈페이지 _ www.garambooks.co.kr

ISBN 89 - 8435 - 186 - 5 (04900)
      89 - 8435 - 172 - 5 (set)
ⓒ 가람기획, 2005

What Life Was Like In the Jewel in the Crown
Edited by Denise Dersin
Original copyright ⓒ 1999 by Direct Holdings Americas Inc.
Korean translation copyright ⓒ 2005 by Garam Publishing Co.
This Korean edition was published by arrangement
with Direct Holdings Americas Inc.
through Best Literary & Rights Agency, Korea
All rights reserved.